变通思维

挫折下另辟蹊径的人生大智慧

蔡万刚◎编著

北京日报出版社

图书在版编目（CIP）数据

变通思维：挫折下另辟蹊径的人生大智慧 / 蔡万刚编著. -- 北京：北京日报出版社, 2024. 11. -- ISBN 978-7-5477-5048-3

Ⅰ. B80-49

中国国家版本馆CIP数据核字第2024A5F280号

变通思维：挫折下另辟蹊径的人生大智慧

出版发行：北京日报出版社
地　　址：北京市东城区东单三条8-16号东方广场东配楼四层
邮　　编：100005
电　　话：发行部：（010）65255876
　　　　　总编室：（010）65252135
印　　刷：三河市华润印刷有限公司
经　　销：各地新华书店
版　　次：2024年11月第1版
　　　　　2024年11月第1次印刷
开　　本：710毫米×1020毫米　1/16
印　　张：14
字　　数：180千字
定　　价：58.00元

序 言

PREFACE

变通思维，应对复杂多变的世界

我们身处的世界充满了复杂的变化和意想不到的挑战，要想更好地应对，我们就不能不锻炼变通思维。

很多人把“变通”当成“权宜之计”，可事实并非如此。《周易》中有句名言：“穷则变，变则通，通则久。”从中我们不难了解“变通”的本质：那就是要改变固有的思维方式和行为模式，不断追求“变化”。唯有不断追求“变”，我们在做事时才能通畅无阻；也只有不断追求“变”，我们才能够避免停滞，避免退步，有助于实现长远的发展。

在现实生活中，我们常常能够感受到变通思维的存在。比如在面对变与常、直与曲、进与退、取与舍、顺与逆、繁与简、快与慢、显与隐、张与弛、刚与柔这些辩证统一的关系时，我们只有运用变通思维，才能在每一组关系中找到最佳的平衡点。

我们要在“变与常”之间寻求平衡。“常”代表的是本质性、规律性的东西，它们一般是恒定不变的；而“变”却恰恰相反，它们是在不停地运动着、变化着的。正所谓“流水不腐，户枢不蠹”，只有经常运动的东西，才能保持旺盛的活力，不容易受到外物的侵蚀。如果从变通思维的角度去看，“常”与“变”这两者之间其实不是简单的对立关系，而是互相依存、互相转变，最终达到了一种微妙的动态平衡。在实际运用中，我们应当守护好这种平衡。比如，我们可以在“守常”的基础上，大胆挑战落后的固有观念，勇于追求变革，这会让我们在变化的世界中站稳脚跟，并能够不断向前发展。

我们也要厘清“直与曲”的关系。其实这两者都是解决问题的方式，比如在面对头绪众多、困难重重的问题时，我们有时要采取当机立断、直截了当的方法，有时又要采取曲折迂回的方式，从反面、侧面等多个方向寻找突破口。对此，我们应当变通思考、灵活应对。比如在直来直去的方法“碰壁”的时候，我们就要适时地让思路“转个弯”，反而会有意想不到的收获。

我们也不能忽略对“进与退”的思考。如果拥有变通思维，我们在面对“进”与“退”时就能更好地把握分寸：需要前进时，我们不会胆怯犹豫，也就不会错失良机；需要后退时，我们不会踌躇摇摆，而是能够及时调整战略，做到“以退为进”，最终实现自己的目标。

在变通思维领域，“顺与逆”的关系也是一个重要的话题。在人生之路上，顺境和逆境的出现都是正常的。拥有变通思维，我们就会知道自己该如何面对这两种境遇。比如身处顺境时，我们不会过于浮躁、傲慢，而是能够想到顺境不可能永远持续下去，从而会“居安思危”，保持谦虚谨慎，注意持续积累；而在逆境中，我们也不会过于悲观、沮丧，因为我们能够想到逆境也能转化为顺境，于是我们会沉下心来，坚守信念、毫不动摇，直到逆袭成功。

“繁与简”这对矛盾体也能够引起我们对变通思维的思考。古人云：“大道至简。”这告诉我们，真正的智慧往往隐藏在“简单”之中。所以在处理复杂的问题时，我们不要被繁复的表象所迷惑，要善于深入现象抓本质，并要学会简化思考和行动，以简洁明了的方式解决问题，这会给我们的工作、生活和学习带来更多的惊喜。

除了以上几点外，我们还应当在“取与舍”“快与慢”“显与隐”“张与弛”“刚与柔”这几组关系中，探索变通思维的精髓，而这将帮助我们在选择与放弃、速度与效率、张扬与低调、紧张与放松、刚直与柔和之间找到最佳的平衡点，不仅有助于我们实现事业的成功、人际关系的和谐、生活的美满，还能让我们的内心变得更加安宁、快乐。

当然，作为一种顶级思维，变通思维的养成是很不容易的。我们应当对自己有信心，并从现在开始进行多方面的自我锻炼和培养。我们要让自己鼓足勇气，做好接受变化、适应变化的准备；我们也要拓宽眼界，学会从不同的角度看问题；我们还要革新思路，大胆尝试新颖的方法。这样不仅有助于应对这个变幻莫测的世界，还能不断提升综合能力，让我们能够在人生中自信地扬帆远航！

目 录
CONTENTS

第三章　进与退的变通：知行知止，知止而行

第四章　取与舍的变通：将欲取之，必先予之

第五章　顺与逆的变通：顺境不惰，逆境不馁

第九章　张与弛的变通：一张一弛，文武之道

第十章　刚与柔的变通：刚柔并济，不可偏废

第一章

变与常的变通：静观其变，动以应变

变与常的辩证关系：恒定性和变化性

“执常以迎变，要变以知常。”明末清初思想家王夫之的这句名言，反映了他对“变”与“常”的清楚认知。所谓的“常”，指的是那些恒久不变、稳定可靠的因素，而“变”则是不断更改、动态变化的过程。

通常人们会认为“常”和“变”是互相对立、不可调和的关系，但王夫之却用辩证的观点将两者统一起来。他告诉我们，如果能够很好地把握那些“恒常不变”的要素，我们就能充满信心地迎接“变化”；而当我们不断紧跟形势追求“变化”时，我们也就能够更好地理解和把握“恒常”的东西，如本质、规律、法则等。

王夫之生活在一个动荡不安的年代，身处其中，他无法独善其身，不得不面对“变”与“常”的考验。

王夫之出身书香门第，从小就受到了良好的教育，这也为他日后求学打下了良好的基础。他虽然才华横溢，却在科举考试中屡屡遭受打击，三次乡试都没考中。换成其他人可能会一蹶不振，但王夫之却没有悲观沉沦，他坦然地接受了生命中的“变数”，让持续学习和积累成为人生中的一种“常态”。

1644年，明朝灭亡。王夫之身在湖南，惊闻“国变”，震惊、悲愤不已，好几天不吃不喝，将满腔愁绪写进了一首长长的《悲愤诗》里。之后，他为国家和人民挺身而出，加入到反清复明的战斗中。

在那段时间，“变”成了他生活的主题。勇敢的他曾在衡阳（今湖南衡阳）举兵起义，却没能成功。在那以后，他不得不面临家庭的离散、个人命运的跌宕起伏，但他为国为民的“常志”从没有发生过动摇。在极其危险和艰难的时候，他还向湖北巡抚上书，却没能引起重视。他也曾被农民军招请过，尽管当时他表示了辞谢之意，却还是遭到了清政权的追捕，不得不四处流亡，一度被迫隐居到了乡村、山中，以教书为生。

几年后，他归隐衡阳，一方面继续教书，把自己的理念传授给学生们；另一方面，他潜心于学术研究，形成了自己的哲学思想，而这和他对“变与常”的深刻认知有分不开的关系。他曾提出过很多超越前人的见解，对后世产生了十分深远的影响。曾国藩、谭嗣同、梁启超、章太炎等人都对他推崇备至，说他是“民族光复之源”。

王夫之经历了国家的巨变、社会的巨变、家庭和个人的巨变，却始终坚守着心中“恒久不变”的信念。正是这种信念支撑着他，为他钻研学术、传播思想精髓提供了持久的动力，使他最终成为“集千古之智”的思想巨人。他用自己的亲身经历为我们验证了“常”与“变”的辩证关系。

在现代社会，“常”与“变”也是无处不在的。它们相辅相成，共同推动着社会的发展与进步。理解并运用好这种辩证关系，对于个人的成长和社会的进步都有极其重要的意义。

比如在经济领域，最基本的经济规律、市场运行的机制等属于“常”的范畴，而灵活多变的供求关系、价格波动等正是“变”的范畴。如果企业和个人能够深刻理解这些“常”和“变”的因素，就能更好地把握经济规律，应对市场的不断变化。

在科技领域，经过验证的科学规律和技术原理等都属于“常”的范畴，而一代又一代科研人员进行的技术创新、发起的科技革命等属于“变”的范畴，就像如今改变世界发展趋势的人工智能、量子计算、生物技术等都是“变”的结果。但不管多么先进的技术，都要植根于科学规律、技术原理的基础上，否则就不会有持久的生命力。

在社会文化领域，基本的道德规范、价值观念等属于“常”的范畴，而多元化的文化形态则属于“变”的范畴。在如今全球化、互联网化的大背景下，如何在“守常”的同时兼收并蓄，求得长远发展，是文化创新、变革的重要课题。

对于个人来说，把握好“变”与“常”的辩证关系同样重要。比如，在职业发展领域，个人的职业规划、职业道德等属于“常”的范畴，而行业趋势和市场需求却在不停地变化着，属于“变”的范畴。我们想要实现个人的发展，就要在做好职业规划、遵守职业道德的前提下，不断更新知识和技能，以适应职业市场的变化。

在人际关系领域，真诚、信任、尊重、合作等是永恒不变的主题，属于“常”的范畴，而交往方式和沟通手段等却可以有所变化，属于“变”的范畴。我们应当在保持真诚和尊重的基础上，灵活运用各种新颖、高效的沟通工具和交流方式，让人际关系得到更好的维护和发展……

总的来看，“变”与“常”的辩证关系为我们提供了重要的指导原则，指引我们在抓住本质和尊重规律的基础上，努力适应变化，勇于创新，以实现个人与社会的可持续发展。

适应变化，实现自我超越

《列子·说符》中说道："理无常是，事无常非。"这告诉我们事情永远是在发展变化的，没有什么会永远正确，也没有什么会永远错误。因此，适应变化是生存和发展的必然要求。不管是个人、组织还是国家，只有能够适应变化，能够及时进行自我调整，才能够抓住机遇，实现飞跃性的发展。

相反，那些拒绝变化、故步自封的个体，终会被变化的时代淘汰。这正如生物学家达尔文所言："不是最强的物种会生存，也不是最聪明的，而是对变化最敏感的。"

明代思想家王阳明是一个能够适应变化的人。明正德元年（1506年），宦官刘瑾把持朝政，肆意打压敢于弹劾自己的文官。王阳明为人正直，看不惯刘瑾的胡作非为，上书为这些文官说话，却遭到了刘瑾的报复，先是被杖责四十，关押入狱，之后又被贬到了贵州龙场（今贵州贵阳修文县龙场街道），去做一个没有品级的驿丞。

在赶赴贵州的途中，王阳明遭到了多次追杀，好不容易才得以逃脱。这一场人生巨变，对他来说无疑是沉重的打击，但他却以惊人的勇气和毅力熬了过来，展现出了非凡的适应能力。

当王阳明来到龙场后，发现这里地处偏远、环境恶劣，甚至连一间像样的房子都没有。最开始，王阳明住过草庵、石洞，生活极其困苦，但他没有变得消沉，相反，乐观的他还给石洞取名字，叫“阳明小洞天”。等他终于安顿下来后，还在当地人的帮助下伐木建屋，虽然只是些很粗糙的建筑，他却高兴地为它们逐一起名，如“何陋轩”“君子亭”等。

居住的问题虽然得到了解决，王阳明要面对的困难却还有很多。比如他手头一穷二白，想要维持生存，就得自己去砍柴、挑水、种田、采野菜、煮饭……他本是手无缚鸡之力的书生，以前也没有做过粗活，但他不去抱怨什么，而是一直努力地劳作，认真地生活。

在这种恶劣的环境中，王阳明没有放弃对学问的追求，他默记五经中的要旨，结合自己的理解去领悟书中的精髓。不仅如此，他还进行了深入的反思，实现了思想的升华。据说在一天半夜，他突然“顿悟”，创造性地提出了“致良知”“心即理”等深刻的理念，还认为人应当摆脱外部环境的束缚，做自己内心的主人。这就是历史上有名的“龙场悟道”，为王阳明心学体系的建立奠定了基础。

王阳明在龙场的经历，让我们看到他是如何适应变化、实现自我超越的。面对突如其来的人生变故，他没有逃避，更没有放弃。在艰难的条件下，他积极求生、坚持学习、锻造思想，最终实现了心灵的觉醒，让我们对他敬佩不已。

事实上，每个人的一生都不可能是一成不变的，很多时候，我们不得不适应外界的种种变化。但如果我们能像王阳明这样，变被动适应为主动适应，就不会陷入悲观、消极的情绪中，而是能够找到适应变化、提升自我的办法。

为此，我们可以从以下几点做起。

1. 接受“凡事会变化”的事实

我们应当认识到，“变化”是生活的常态，是无法避免的。在面对变化时，正确的态度是接受变化，把它看成成长和进步的机会，而不是畏惧、拒绝变化。

为了更好地接受变化，我们可以建立“变化日志”，在其中记录自己遇到的各种变化，不管是积极的还是消极的，都可以原原本本地记录下来。日后我们经常回顾这些变化，就能清晰地看到自己在变化中一点一滴的成长和进步，从而增强对变化的“正向认知”。

2. 提前了解“变化”

我们不必总是被动地等待“变化”到来，而是可以“主动出击”，让自己能够多一些应对变化的“底气”。

为此，我们可以多搜集一些相关信息，了解某些变化产生的原因和可能造成的影响，进而可以制订更加合理的应对策略。比如某项科技快速发展，可能会对一些传统职业造成冲击，但又会诞生一些全新的职业。对于这种变化，我们就可以提前进行了解，看看会不会影响自己的职业规划，如果确实存在影响，我们又能做些什么来提升自己的竞争力。

在条件允许的情况下，我们可以进行模拟练习，以检验应对策略的有效性。这样我们就能更加真切地感受到变化带来的挑战，也可以适当调整或优化应对策略。

3. 摆脱对“变化”的恐惧

很多人之所以十分害怕变化，根本原因是他们害怕会遇到困难或面对失败。对此我们也应当有清楚的认知，然后可以尝试进行“认知重构”，即识别并扭转自己对困难的负面认知，比如可以把“我做不到”扭转为“我可以尝试”，把“这太难了”扭转为“付出一定努力，这或许可以实现”。

接下来，我们可以把自己逐步“暴露”于害怕的事物或情境中，以逐渐减轻恐惧感。在具体尝试时，应当从较小的、可控的步骤开始，逐渐扩大“暴露”的范围和强度，这样就不会有太大的抵触感。

4. 增强应对“变化”的自信

在摆脱恐惧的同时，我们还要想办法增强自信，这对应对变化来说也是非常重要的。比如，我们可以做一做“自我肯定”——每天花几分钟时间，大声地对着镜子讲出自己的优点和最近取得的成就，能够不断增强自信心和自我价值感。

此外，每完成一项小任务，或是实现了一个小目标，我们也要进行“自我肯定”，并可以为自己设计新的挑战。

这种不断肯定自我、挑战自我的过程，也有助于增强自信心和提高适应能力，让我们能够在变化的世界中发现新的机会，实现自我发展。

做事不拘泥不死板，要学会“权变”

《围炉夜话》中有这样一句话：“做事守章程，而不知权变，则依样之葫芦也。”这句话中的“权”有权衡考量的意思，而“变”则有随机应变的意思。

也就是说，我们做事不能拘泥于常法，也不能被所谓的“章程”所限制，应当充分考察所处的情境，灵活地进行变通，才能有效地处理和解决问题。

我们来看看“权变大师”曹操是如何做的。根据《曹瞒传》的记载，曹操治军非常严格。有一次他率军出征，正好赶上麦熟时节，他担心士兵们会踩踏麦田，给农民造成损失，于是颁布了一条严格的军令：不管是将军还是士兵，凡是践踏麦田的，都要斩首示众。

士兵们不敢抗命，在过麦田时，都小心翼翼的，生怕会把麦子踩坏。曹操看到这样的情景，心中很是满意。可就在这时候，意外发生了。曹操自己的马受了惊，突然蹿进了麦田，踩坏了一大片麦子。

曹操看着那些倒伏的麦子，心里懊悔不已。他没有逃避责任，而是招来了执法官，让他给自己定罪。执法官十分为难，对他解释道：“您是主帅，又不是故意踩踏麦田的，我怎么敢给您定罪呢？”

曹操摇了摇头：“是我亲口说要严惩踩踏麦田者的，如果我自己犯了错，都不能照此执行，以后谁还会听从我的命令呢？”说完，曹操就抽出了佩剑，做出要自刎的样子。

众人大惊，立刻拥了上去，阻止了曹操的动作。大家对曹操苦劝不止，曹操也想到了一个好办法，就是“割发代首”——用头发来代替自己的首级，以示对自己错误的惩罚。

之后，曹操还让人把这件事传开来，将士们听到后，都说曹操是个说话算话的人。

曹操立下了严格的军令，却成了第一个触犯军令的人，此时他没有因为自己的身份而逃避惩罚，但也没有坚持“斩首示众”这种极端的做法，而是灵活变通，割发代首，这样既保全了生命，又彰显了自己的严于律己和公正无私，强化了士兵们对他的信任。他的权变智慧和高超的领导艺术，也能为我们提供宝贵的启示和借鉴。

不过，在学习“权变”智慧时，我们需要特别注意以下几个方面。

1. 权变要认清所处的情境

情境条件是“权变”的依据。也就是说，是否采用“权变”的做法，应随具体情况而定，切勿迂腐守旧、墨守成规。

《孟子》中就讲过这样的例子：当时社会上有“男女授受不亲”的说法，男女之间甚至不能互相递接东西。但有人举出了这样一种特殊的情境：如果嫂子掉进了水里，生命处于危急状态，小叔子是否应该伸手去救？孟子认为，如果小叔子迂腐地守礼，不去救援，那无异于“豺狼行径”。如果小叔子及时伸手相救，则是有权变智慧的表现。可见，认清当前所处的情境是非常重要的。

2. 权变要以遵守原则为前提

“权变”不代表能够随心所欲地做事，即使在变化中，我们也不能违背自己的核心价值观和道德准则。比如，追求“权变”时，我们不能做伤害他人的事情，要让做事产生的后果对人对己公正、有益，这些原则是

“权变”的出发点和归宿点。

在“权变”的过程中，我们也要定期进行心理调适和反思，以检查自己的行为是否符合道德准则和价值观。如果发现做事风格已经偏离了正确的轨道，就要及时进行纠正。

3. 权变不是“耍滑头”

“权变”可能会出现两种不同的效果，分别是“投机取巧”和“随机应变”，而前者是会留下“后遗症”的，比如会影响事情的最终解决、会破坏人际关系的和谐等。

因此，我们一定不能把权变当成“耍滑头”，不能做投机取巧的事情。在权变的过程中，我们应当尽力保持做事的“透明度”，以减少各方的误解。

此外，我们还要明确自己的责任和义务，勇于承担决策带来的后果。无论面对什么样的后果，我们都要保持诚实和正直的态度，不逃避责任，也不推诿过错，这样才算是符合“权变”的精神。

洞察时局，要做到“因时而变”

汉代的政治家、文学家桓宽在《盐铁论》中提出，“明者因时而变”，这是在说，那些明智的、善于变通的人能够洞察时局，并会及时调整自己的策略和行为。

这种“因时而变”的智慧能让我们摆脱不合时宜的旧观念，冲破制约发展的旧框框，并能够充分迸发出“变”的活力。

春秋时期杰出的政治家和军事家管仲就能够做到“洞察时局，因时而变”。

管仲原本辅佐的是齐国的公子纠，但公子纠与公子小白（即后来的齐桓公）在争夺君位时，不幸落败。

齐桓公即位后，大夫鲍叔牙举荐了管仲。管仲和鲍叔牙本来就是至交好友，又看到齐桓公确实是贤明的君主，便顺应时势，愿意为齐桓公所用。

管仲向齐桓公提出了自己的改革方案，得到了齐桓公的欣赏和重用。之后，管仲在齐国实行了一系列改革措施。在政治上，他非常重视人才选拔，还主张对官员进行考核，使他们不能无所作为；在经济上，他大力发展农业生产，还鼓励工商业，并注意减轻赋税、兴修水利，让齐国的国力不断增强；在军事上，他狠抓军队管理，提高了军队的战斗力。

与此同时，管仲还顺应时局，向齐桓公提出了很多重要的建议。有一次，齐桓公想要发兵援助被宋国讨伐的杞国，管仲就提建议说："咱们齐国还没有真正强大起来，不宜起兵征战。不如想别的办法帮助杞国。"齐桓公觉得有理，便没有出兵。后来杞国灭亡，齐桓公在管仲的建议下，将杞国国君接到齐国，赐给他封地和一些兵士。后来邢国、卫国遭到敌军侵犯，向齐国求助，齐桓公也赐给这两国国君封地和兵士，这种仁义的做法得到了天下的认可，周边的小国都主动依附齐国。管仲趁此时机，建议齐桓公派人出使各国，一方面招贤纳士，另一方面与邻国梳理疆界问题，建立友好关系，为齐国争取了稳定发展的时间。

随着齐国实力日益强盛，管仲的策略又发生了改变，他建议齐桓公以匡扶周王室为名，平定各地叛乱。齐桓公按照管仲的安排征伐四方，树立起了齐国的威信。当齐国召集各地诸侯会盟的时候，没有谁敢唱反调，就连周天子都派人送来了祭祀用品，还允许齐桓公接受赏赐时不用下拜行礼……

管仲的每一个治国建议，都是在洞察时局的基础上提出的，体现了"因时而变"的智慧。在国力较弱、政局不稳的时候，他主张改革内政、发展经济、增强军力，还避免齐国陷入不必要的战争中，这为齐国的快速发展奠定了良好的基础。而当时局发生改变、国家实力日益强盛的时候，他又大胆地提出了武力称霸策略，终于将齐桓公推上了春秋霸主的宝座。

管仲的智慧不仅在当时产生了很大的影响，还为后世提供了宝贵的历史借鉴。他的故事告诉我们，在这个世界上，唯一不变的就是变化本身。"因时而变"不仅是生存的必然要求，更是发展的必然选择。

那么，我们如何才能更好地洞察时局，做到"因时而变"呢？

1. 增强信息收集与分析能力

洞察时局不能靠自己"想当然"，而是要从多渠道搜集大量信息，然后对这些信息进行整合和深度分析，这样才能识别出关键的趋势。

一般来说，我们可以从新闻网站、社交媒体、行业报告、政策文件等可靠的渠道收集有参考价值的信息，之后要进行信息的甄别、筛选和分析，有必要的话，还可以使用一些数据分析工具来辅助判断，以提升正确率。

2. 培养敏锐的洞察力

在分析信息时，我们不能忽略一些看似微不足道的细节，因为它们可能引发重大的变化。比如在AI（人工智能）技术刚刚进入人们的视野时，很多人并没有把它当回事，可随着时间的推移，AI却成了热门的话题，有不少先行者正在利用这种技术寻找新的发展机会。类似这样的例子还有很多，假如我们能够及时把握这类信息，就能做到快人一步、占得先机。

当然，如果我们有一定的经验和判断力，还可以尝试预测某个领域未来的发展方向，当然这种预测也不是凭空而来的，而是要综合所掌握的信息，结合历史案例、专家意见后，才能得出比较有价值的结论。

3. 灵活调整策略

在洞察时局的基础上，我们要做到“因时而动”，也就是要根据时局、形势的变化，迅速做出反应。比如，自动驾驶网约车在一些地区已经正式上线，还获得了用户的认可，作为普通网约车司机就要立即制订相应的计划或策略，以应对下一步的市场变化。

需要注意的是，在制订计划时，我们要考虑到可能的变化因素，预留一些“调整空间”，切勿过于僵化地执行既定计划，否则会让自己非常被动。

面对突发事件，要懂得“随机应变”

在工作和生活中，一些出人意料的情况常会不期而至，此时如何做出反应，能够反映出一个人的智慧和能力。

善于变通的人常常能够迅速做出反应，并采用非常巧妙的办法轻松摆脱困境，这种可贵的能力就是“随机应变”。

春秋末期，齐国大夫晏子准备出使楚国。楚王听到这个消息后，便和大臣们商量起来，打算好好羞辱一下晏子。可他们并没有意识到，晏子不仅能言善辩，还会随机应变，怎么可能被他们的小伎俩难倒呢？

这天，晏子终于来到了楚国都城，守门的楚人看他身材矮小，故意在大门旁开了一个小门，让他从那里进入。晏子并没有生气，他转了转眼珠，张口说道：“真奇怪，我出使的明明是楚国，不是狗国，为什么要让我从狗洞进去呢？”楚人被他说得面红耳赤，不得不打开大门，郑重地把他请了进去。

不久，晏子进入了王宫，楚王一看见他的样子，就露出了鄙夷的表情，还嘲讽道：“你们齐国是没人可派了吗？怎么能让一个这么矮小的人做使者呢？”

晏子用平静的语气回答：“我们齐国的都城临淄有七千多户人家，大家都把袖子张开，能够遮天蔽日；大家都挥洒汗水，就有下雨的效果；街道上人挤人、人挨人，都觉得人太多了，怎么能说齐国没人呢？至于为什么会派我来，那是因为我国派遣使臣有特殊的规矩，有德有才的人出使贤明君主统治的国家，无德无才的人出使昏庸君主统治的国家，我晏子在大臣里是最无能的，便被派到你们楚国来了！”

楚王听完这番话后，有些尴尬，但又没办法反驳，便让人绑了个小偷过来，说那是齐国人，还问晏子齐国人是不是善于偷东西。晏子哈哈一笑道：“不知道您听说过吗？生长在淮河以南的才是橘树，生长在淮河以北的就是枳树了，这两种树叶子相似，果实味道却不同，就是水土条件不一样造成的。老百姓也是如此，在齐国时不偷东西，到了楚国却染上了偷窃的恶习，难道是贵国的水土让他们变成这样了吗？”

一番话说得楚王张口结舌，半晌，楚王才反应过来。为了缓解尴尬的氛围，他不得不自嘲道：“人家都说不能随便跟圣人开玩笑，瞧瞧，我这不就是自讨没趣吗？”

晏子在面对楚王的多次羞辱时，能够随机应变，巧妙回击，不仅维护了个人的尊严，还捍卫了国家的荣誉。

从晏子身上，我们可以看到随机应变具有几个明显的特点：一是突然性。也就是说，事情的发生是很突然的，无法事先做出充足的准备，像晏子出使楚国后的一系列遭遇都是突发事件，这是很考验随机应变能力的。二是及时性。也就是说，要对该事件立即做出反应，不能有丝毫的犹豫，更不能延迟处理。像晏子在遭到楚人和楚王的羞辱时，都是第一时间出言应对，才能打击对方的嚣张气焰，并能让自己掌握主动权。三是巧妙性。也就是说，反应不但要快，还要有技巧，最好能让人拍案叫绝，这样效果才会更好。像晏子在言语反应中就巧妙地进行了逻辑推理，还运用了比喻、类比等多种手法，用智慧成功地化解了对方的羞辱，也在历史上留下了一段佳话。

那么，我们怎么才能掌握这种随机应变的高超能力呢？

1. 保持情绪稳定

情绪稳定是随机应变的基础。像晏子在面对他人的多次挑衅和羞辱时，就一直保持着不慌不忙、沉着冷静的状态，这就是情绪稳定的表现。在突发情况下，稳定的情绪能够帮助我们保持头脑清醒，有助于做出更加理性和明智的决策。

为此，我们平时可以做一做“认知情绪”的练习，要准确地识别自己当前正处于什么样的情绪状态中，并试着接纳这种情绪，不要逃避，也不要刻意压制情绪。之后，我们可以采用一些情绪调节技巧，如深呼吸、正念冥想、放松训练、积极的心理暗示等，有助于在短时间内平复情绪。

我们还可以通过积极的语言，如“我一定能够成功”“我是最棒的”等唤起内心深处愉快的体验，让自己变得自信、积极起来。心理学家通过研究发现，在进行语言暗示时，无论是大声喊出来，还是在心中默念，或是在纸上书写，都能够产生一定的效果。只不过这种用来暗示的语句应当尽量简短、有力，这样才能传达更多的情感，也才能在无形中增强自己对自我积极品质的认可度。若是长篇大论的语言，或是充满理论性的语言，就会失去这种情感冲击力，无法产生理想的暗示效果。

2. 培养快速反应能力

面对突如其来的羞辱，晏子总是能够在第一时间想出应对办法，这说明他有很强的快速反应能力。为了提升这种能力，在日常生活中，我们可以多参加需要快速反应的活动，如体育比赛、辩论赛等，能够让自己的反应越来越快。

另外，我们还可以给自己安排一些小练习，如设定倒计时，然后快速思考一个问题，并罗列出要点。经常练习，不仅能够提升快速反应能力，还能让思维变得更加缜密。

3. 平时做好预案

虽说突发情况都是出人意料的，但我们还是能在平时提前准备一些预案，这样在真的出现意外时，就能够迅速、有序地应对。

比如在进行公开演讲前，我们就要想到万一出现口误、忘词等突发情况，应当如何处理。拥有预案后，我们就更容易接受发生的一切，反应的时间自然也会短一些。

当然，我们还需要不断扩充自己的知识领域，知识面越广博，我们就越容易找到解决问题的办法，在面对突发情况时就会表现得更加自信、从容。

“求新”与“稳定”并重，不断寻求新的突破

在常规思维中，“变”意味着日新月异，要求每一天都要有新的进展，每一刻都在向前迈进。但我们也不能一味求新、求变，却忽略了稳定发展，那样很可能会产生风险，甚至会引起混乱和动荡。

因此，我们一定要把握“求新”与“稳定”之间的微妙平衡，不仅要有敢于破局而出的勇气与智慧，也要做好持续发展的保障，这样才能在风云变幻中稳健前行。

战国时期的李悝变法就能够体现“求新”与“稳定”并重的思想。李悝是魏国人，在魏文侯灭了中山国后，有人向魏文侯推荐李悝，说他很会治理地方，于是魏文侯任命李悝为中山相，让他辅佐太子治理中山。

当时的魏国地少人多，资源相对匮乏，社会矛盾尖锐。又因为魏国毗邻秦国，在军事上时常面临威胁，李悝就曾多次率军和秦国交战。随着时间的推移，李悝的才能日渐显现，他提出的变法思想也得到了魏文侯的肯定，因而被任命为魏国相，主持变法事宜。

李悝首先主张废除落后的世袭制度，根据实际能力的大小来选拔官吏，这为魏国引来了不少贤才。李悝还主张废除传统的“井田制”，代之以“尽地力”等更加合理的政策，鼓励老百姓大力垦荒，并允许土地私有买卖，让魏国的土地面积快速增长，老百姓从事农业生产的积极性大大提升。

李悝还注意改革军事制度，建立了“武卒”制——选拔强壮的士卒，根据不同的作战特点将其编排入伍，被选中者的家庭还能免除徭役和一部分赋税，所以士卒们参军的积极性很高。用这样的办法，李悝为魏国培养了一支强大的军队。

在大刀阔斧变法的同时，李悝也没有忘记设置一些保障措施，以确保变法能够顺利实施，社会也能保持稳定。比如，他建立了完备的魏国法律《法经》，为此次变法提供了强有力的法律保障。再如，他在推行变法时，注意把握节奏，不会进行“一刀切”式的改革，而是逐步实施各项政策，让老百姓在不知不觉中适应了新的制度，这对变法成功也起到了非常积极的作用。

在李悝变法后，魏国的国力显著提升，很快便称雄诸侯。李悝也用自己的实践为后世的改革家们提供了一个良好的范本。

李悝在经济、政治、军事等方面大力“求变”“求新”，打破了旧制度对发展的束缚；与此同时，他在变革中力求“稳定”“稳健”，避免了大的动荡和冲突。

这一成功经验对后人具有深刻的启发意义，能够让我们认识到：“求新”与“稳定”并不是水火不容的，而是可以相辅相成、相互促进的。

我们在追求创新和发展的同时，必须注重维护稳定与和谐；而且要确保求新的节奏适宜，既不会过于激进，又不会出现因循守旧的问题。

具体来看，我们可以从以下几点来把握“求新”与“稳定”的平衡。

1. 制定稳健可行的规划

在“求新”之前，我们一定要明确自己的目标与愿景。比如可以设定一个比较清晰的长期愿景，再将其分解为一系列短期的、更容易实现的愿景。

要注意的是，我们的愿景不能脱离现实情况，其中的每一步都要经过深思熟虑，这样既有前瞻性，又不失可操作性，才更容易成功。

2. 学会“小步快跑”

“小步”的意思是不要把“求新”的步伐迈得太大，不能过于激进，这样才不会失去灵活性，还能减少试错成本和失误风险。至于“快跑”，则保证了求新的速度，让我们不会错失良机。

学会“小步快跑”，我们就能在保持“求新”活力的同时，还能确保整体和大局的稳定。

3. 不断调整优化

在“小步快跑”的同时，我们还应做好自我监控、评估的工作，这样能够及时评估“求新”的进展和效果，有助于发现并解决可能或已经出现的问题。

另外，我们还可以主动寻求他人的意见和建议，这样更容易发现被自己忽视的地方，可以及时优化调整策略，确保“求新”的大方向是正确的，并且能够达到效果最大化。

总之，“求新与稳定并重”不仅是智慧的选择，更是能力的体现。如果我们能够很好地把握这一点，就能够对个人的提升和发展产生很多积极的作用。

第二章

直与曲的变通：曲可求全，枉能就直

认识曲与直：直截了当与迂回成事

在处理问题时，不同的人会采取不同的解决方式。比如有的人会采用“直”的方式，也就是直面问题，用直截了当的方式去解决；但也有的人会采用“曲”的方式，也就是绕道而行，迂回成事。

正如《道德经》所言：“曲则全，枉则直。”我们不能简单地评价“直”与“曲”这两种解决方式的好坏，而是要根据实际情况灵活地选择。

960年，赵匡胤在陈桥驿（今河南新乡封丘县城南）发动兵变，黄袍加身，成功登上皇位，取代了后周，建立了北宋王朝。

最初，为了稳定局势，赵匡胤留用了后周的朝臣。随着时间慢慢过去，他开始担心那些手握重兵的将领会对自己构成威胁。

赵匡胤产生了“削兵权、弱藩镇”的想法，但将领中有不少和他关系亲密，还参加过陈桥兵变，所以他不愿意用过于激进的方式解决问题。

961年的一天，赵匡胤邀请了一些高级将领在宫中宴饮。一开始，大家谈论的都是些无关紧要的琐事，可当将领们放下戒心后，赵匡胤突然话锋一转，说起了自己的烦心事：他在即位后，天天吃不下饭，睡不着觉，终日提心吊胆，自我感觉十分痛苦。将领们纷纷安慰他，问他到底在担心些什么，他才说是害怕有人会篡位夺权，把自己从宝座上推下来。

将领们面面相觑，都不敢多说什么。赵匡胤便顺势提议，让这些将领主动放弃兵权，让出藩镇。还没等将领们发表意见，赵匡胤就阐述起了交出兵权的好处，还郑重承诺，只要将领们能够体谅他的难处，放弃兵权，他就会赐给他们丰厚的赏赐，让他们享受荣华富贵、安度晚年，以后他们的家人和后代也能过上平安、优裕的生活。当然，他也没有忘记提醒将领们拒交兵权的坏处，那就是会造成“君臣相疑”，很可能引发严重的后果。

听了这番话，将领们的态度有所动摇。赵匡胤又解释说，自己之所以这么做，不是为了个人的私利，而是想要加强对军队的掌控，最终的目的还是要确保国家的安定。

这些将领终于被赵匡胤说服了，第二天，他们主动请求解除军职，赵匡胤也达到了“杯酒释兵权”的目的。

在“杯酒释兵权”这一历史事件中，赵匡胤为了削弱将领们的兵权，采用了既直接又迂回的方式。

为了避免引起将领们的对抗情绪，赵匡胤先采用了“迂回”的办法。他邀请大家饮酒聊天，在轻松愉快的氛围中找机会说出自己心中的想法；而且一开始他没有直接提出“释兵权”的话题，而是先大谈自己的苦衷和担忧，引导将领们进行思考；接下来他才采用了“直接”的办法，提出让将领们主动放弃兵权，还讲明了这样做的好处和坏处，让人难以拒绝。

赵匡胤之所以能够取得成功，很大程度上得益于他对“直”与“曲”辩证关系的深刻理解和恰当运用，而这也为我们提供了很多宝贵的启示。

1. 解决问题不能过于直接

直，代表着直接、坚定和果断，它可以提升解决问题的效率，但我们要避免做事过于直接，因为这会使解决方案缺乏必要的“弹性”，难以适应复杂化、多样化的问题。我们不妨想象一下，假如赵匡胤直接要求将领们“必须立刻交出兵权”，不但会伤害他们的感情，还会引发他们的猜疑，后果不堪设想。

因此，在面对复杂的问题时，我们切勿急于求成，要先进行全面的信息收集和分析，理解问题的本质，然后制订多个解决方案，并进行评估比较，选择最优或最适合的方案，而不是直接采取最显而易见的方法。

2. 解决问题不能过分追求曲折

曲，代表着曲折、变通和灵活，它能够丰富办事的途径，还能为本来不好解决的问题找到突破口。但我们也不能过分追求“曲折”，否则可能会增加不必要的流程，造成时间和精力的浪费，还有可能导致方向性的错误，让我们离成功越来越远。

因此，我们应当在确保方向正确的前提下，追求高效执行，避免不必要的拖延，减少不必要的曲折，这样才能尽快达到目标。

3. 在不同的情境下要灵活选择“直曲”策略

不管是采用“直”的办法还是“曲”的策略，我们都要具体问题具体分析。比如要准确判断当前所处的情境，认识问题的具体性质、环境的复杂程度、资源的可用性等，这样才能为选择合适的策略提供依据。

假如当前的情境需要快速进行决策，我们就应当采用“直”的策略；如果需要深思熟虑以规避风险，我们就要采用“曲”的策略；如果情境再次发生变化，我们还要适时调整策略，这样才能达到理想的效果。

当然，我们也可以借鉴赵匡胤的做法，将“直”与“曲”有机结合起来，这样既能保持果断性，又不失灵活性。比如，在一场谈判中，我们既要有直接的表达，以明确己方坚定的立场；又要有曲折的妥协和迂回，才更容易达到双赢的效果。

改变“直线思维”，让思路拐个弯

要想变通思维，我们就一定要改变一种常见的思维方式——直线思维。直线思维是一种定向思考问题的方法，会让人视野变得局限，思路变得狭窄。

习惯于直线思维的人在遇到问题时，思想直来直去，犹如一条直线，他们只会依赖一种解决方案，应变能力较差，也缺乏丰富的想象力。所以一旦遇到条件发生变化的情况，他们就会在行动中捉襟见肘、处处受困。

还记得“刻舟求剑”的故事吗？在《吕氏春秋·察今》中写到，有个楚国人坐客船渡江，船到江心时，这个人没站稳，身上佩的宝剑掉进了江里。其他人都劝他赶快下水去寻找，没想到他淡定地拿出了一把小刀，在船帮上刻了一个记号，还自信地说：“大家不用着急，一会儿船靠岸了，我从这个记号的位置下水，肯定能找到宝剑！”

很显然，这个楚国人就犯了“直线思维”的错误，因为他在思考时是从“船帮上的记号”出发，进行线性思考，可是船一直在行进，记号的位置也一直在改变，而他不肯做任何变通，最终只会失去自己的宝剑。

从这也能看出，直线思维的危害不小。比如，它会让我们像这个楚国人一样只考虑一种因素，却忽视其他影响因素的存在，导致做出错误的决策；再如，它会让我们习惯于固定的思维路径，导致创新思维难以产生，最终我们难免会被飞速变化的时代所抛弃。因此，在思考问题时，我们一定要改变直线思维，要让思维及时地“拐个弯”。

北宋时的政治家范仲淹曾用“曲线赈灾”的办法解决了社会难题。那是在仁宗年间，浙江地区发生了严重的天灾，导致粮食紧缺，市场上粮价暴涨，老百姓无力承担。

当时范仲淹正担任杭州知州，在深思熟虑后，他制定了赈灾的办法，但却让很多人无法理解。因为他既没有设法从各地调运粮食，也没有下命令不让粮商涨价，而是鼓励老百姓大办赛龙舟活动，让全城都热闹起来。

更有意思的是，他把佛寺的方丈们召集在一起，鼓励他们大兴土木，营建寺庙僧舍。他还专门拨了一笔款，用来扩建仓库、馆舍。由于工程量巨大，每天雇佣的工匠超过了一千人……

当时有很多官员都看不惯范仲淹的做法，纷纷向朝廷上奏，指责他在灾年不想办法赈灾，还带头游玩作乐。可他们根本没有看懂范仲淹的想法，原来，当地的老百姓特别喜欢赛龙舟，对举办佛事也很积极，所以范仲淹从此入手，鼓励大家外出游乐，这才带动了灾区的旅游消费和商业发展，还增加了官府和小商贩的收入。至于他鼓励民间大兴土木也是有理由的，因为这样不仅为灾民提供了大量的就业机会，解决了他们的吃饭问题，还能带动其他相关行业的快速发展。

幸好有范仲淹的精心安排，当地老百姓才安然度过了灾荒。事后，《梦溪笔谈》为范仲淹说了“公道话”：“是岁，两浙唯杭州晏然，民不流徙，皆文正之惠也。”

对于赈灾这件事，如果从直线思维去思考，我们很容易想到一些常规的办法，如增加粮食供应或强行平抑粮价等，可在当时的情况下，这些举措很难从根本上解决问题。而范仲淹的可贵之处在于他善于变通思维，尝试“曲线赈灾”。他所做的事情看似和赈灾关系不大，可实际上不但缓解了饥荒带来的压力，还推动了地区经济发展。他这种独特的思维方式对于今天的我们仍然具有重要的启示意义。

在现实生活中，为了改变直线思维，我们可以试着进行下面这些思维训练。

1. 学会多角度思考问题

我们不应仅仅局限于自己狭隘的视角，而是要尽可能地打开视野，尝试从他人的角度，或是从不同的专业知识出发去思考问题。比如范仲淹在思考赈灾问题时，就能够从老百姓的角度出发，想到他们对赛龙舟和佛事活动有较高的热情，再由此入手设计解决方案，因此更能够得到他们的支持。

这种多角度思考问题的做法有助于克服直线思维的局限性，能帮助我们更全面地认识问题，还有可能快速看清问题的本质，从而避免片面和偏颇的结论。

2. 学会运用类比和联想的方法

类比是把本质不同的两个事物放在一起比较，发现它们在某些属性上的相似和相同，进而推导出它们在其他属性上可能也相似或相同。比如有两个对象都具有属性a、b、c等相同的属性，其中一个对象还有属性d，我们就可以推导出另一个对象也可能具有属性d（类比的结论不是必然的，可能为真，也可能为假）。

至于联想，则是借助想象，从一个事物想到另一个类似、相关或相反的事物，从而形成富有创意的想法。经常运用这些方法来思考，也能帮我们摆脱直线思维的束缚，发现被自己忽略的因素，有助于获得新的思路。

3. 学会进行分析和综合

分析是将一种事物进行拆解，然后深入了解其中每个部分的特点；而综合却正相反，是把各个部分再重新组合，最终形成完整的认识。分析和综合能帮我们建立系统思维，让我们更好地把握事物的本质，做出正确的判断。

像范仲淹在解决问题时，就先分析了受灾情况、当地经济发展状况、居民爱好与需求等各种因素，然后综合这些信息，设计出了最适合当地实际情况的赈灾方案。这正是成熟的系统思维的体现。

在进行上述这些训练后，如果我们还是无法摆脱直线思维，也可以尝试向他人寻求帮助，或是借助一些外部资源来激活自己的思维。例如，我们可以多读不同领域的书籍，也可以多向各行各业的专业人士请教，还可以主动参加一些“头脑风暴”式的讨论，这些都能够拓宽思路，让我们获得新颖的认知。

打破“常规思维”，寻找新的可能性

常规思维，也叫传统思维，是人们在长期的实践中逐渐形成的重复性、固定化的思维方式。

这种思维方式有时可以套用在模式化的问题上，能够发挥一定的作用。可是一旦遇到了新情况、新问题，就会缺乏灵活性和创造力，还有可能导致决策失败。

三国时期，诸葛亮为实现统一大业，决定北伐。他让赵云、邓芝占据箕谷（今陕西汉中西北），迷惑曹军，自己则率领主力部队，突袭魏军据守的祁山。

魏明帝坐镇长安，派出了曹真、张郃等大将迎击蜀军。诸葛亮从容不迫，调兵遣将，予以阻击。马谡深受诸葛亮的信任。诸葛亮便派马谡、王平去镇守战略要地街亭。

街亭是通往汉中的咽喉，地理位置极为重要。马谡在出征前，诸葛亮再三叮嘱，要他按照计划行事，不可鲁莽。然而马谡到了街亭后，却没有按照诸葛亮的指令部署兵力，而是从“居高临下”的常规思维出发，把大军部署在远离水源的南山上。

王平连忙劝阻，指出这种部署很不合理，容易被敌军利用，还建议马谡依山傍水布兵，但马谡固执己见，不肯听从。王平毫无办法，只能自己带了一些人另立营寨。

不久，张郃率魏兵攻来，当他们侦察到马谡的布防后，大喜过望，立即切断了通往南山的水源，掐断了粮道，把马谡的部队围困在山上。很快，由于缺水缺粮，蜀军军心涣散，不战自乱。张郃又乘势发动进攻，导致蜀军大败。危急关头，王平率人擂鼓防守，张郃怕有伏兵，便没有继续追击……

街亭的失守，打乱了诸葛亮的战略部署，此时在列柳城的另一路蜀军也被魏军击败，使得战局骤变，诸葛亮不得不撤回汉中。事后，诸葛亮追究了马谡的责任（在《三国演义》中有一段“挥泪斩马谡”的故事，也有说法是马谡在狱中病逝），而在街亭之战中立功的王平则被提拔为参军。

马谡熟读兵法，却不懂变通，还狂妄自大，在指挥作战时，他不顾街亭战场的实际情况，一味套用常规做法，认为“居高临下”肯定能占尽优势，殊不知敌人只要切断了水源和粮道，就能让他陷入困境。

街亭之战的失败，反映出马谡在决策过程中受困于自己的常规思维，缺乏灵活性和创造力。这也提醒了我们，要注意防范常规思维的害处，比如，它会导致决策失误，会限制创新能力，会造成时间和精力的浪费，会阻碍个人成长，等等。因此，我们一定要打破常规思维，在这方面，我们不妨参考北宋官员丁谓的做法。

根据《梦溪笔谈》的记载：宋真宗年间，荣王元俨宫室失火，烧毁了不少殿阁、库房。当时宋真宗把重建宫室的任务交给了丁谓，让他用最快的速度完成。

丁谓先去现场进行实地考察，发现当前急需大量的泥土来烧砖，可要是从外地运土到京城，路途遥远，会耽误不少时间，更会花费许多金钱和人力。于是丁谓果断变通思维，决定就地取土。

但是这土又不能随便乱挖，丁谓做过一番规划后，把取土的位置定在了一条大街上，他召集工匠在这里开渠取土，再把土运到皇宫里面。

开好的渠不能闲置不管，丁谓又派专人把城外的汴河水引入渠中。这下城中又多了一条运输通道，可以把远方山里的木料、石头等建材，通过这条渠直接运到皇宫门口，不但节省了运输费用，还提高了运输效率。

大家对丁谓的“变通思维”赞叹不已，可丁谓却说，这条渠还有别的妙用。不久，宫室重建完毕，留下了不少建筑垃圾，还有之前那些烧焦报废的砖瓦、残缺的装饰，都堆在原地，亟须处理。丁谓大手一挥，让工匠们把垃圾、废土全部回填入那条渠中，最后平整路面，水渠又变成了干干净净的街道。丁谓的这一系列操作，不仅提前完成了修复任务，还节省了数以亿计的开支，被后世传为佳话。

丁谓做事之所以能够一举多得，在于他敢于跳出传统框架的束缚，勇于创新，把看似无关的事物（取土、运输、处理垃圾）巧妙地联系在一起，形成了一个完美的闭环。他这种打破常规、寻找新的可能性的做法，对我们解决复杂问题、推动社会进步有非常重要的启示意义。

为了打破常规思维，促进自我成长、提升创造力，我们可以从以下几个方面入手。

1. 培养好奇心

要想打破常规思维，培养自己的好奇心是一个好办法。正如有位名人所说：“我没有特别的才能，只是充满好奇。”的确，只有对周围世界充满好奇，我们才会主动去探索未知的领域，思维才不会受到常规思维的束缚。

在孩童时代，强烈的好奇心和求知欲会驱使着我们不断提出新的问题，从各种渠道学到新的知识，让自己快速成长、进步。但是在成年后，这种好奇心却出现了衰减，我们很少会提稀奇古怪的问题，也缺少了追根溯源的动力。有时问题就存在于我们的身边，我们却习惯了熟视无睹，不愿意花费时间和精力进行深入的探究。

好奇心的缺乏会让我们满足于现状，浑然不知自己的知识水平、能力水平已经落后于他人；我们还会变得越来越保守，不愿意尝试新事物，总是喜欢以不变应万变，让自己的创新思路被完全堵塞；我们还会生出很多思考的惰性，习惯进行浅表性的思考，抓不住问题的要害，一遇到困难就会采取一些治标不治本的办法，结果却让麻烦迭出，矛盾难以根治，成果难以持久巩固，我们的人生层次也就难以实现大的提升了。

为了培养好奇心，我们可以设定“新知探索”时间。比如在周末的晚上，我们可以通过查阅资料、观看纪录片等方式，深入了解一个自己感兴趣的话题，既能满足好奇心，又能增加知识储备。

2. 挑战自我“舒适区”

常规思维会让我们受困于“舒适区”，无法获得进步。为此，我们要主动尝试那些让自己感到不安甚至是害怕的新事物，以迫使自己从安定的“舒适区”里走出来。

比如，我们可以尝试当众发言，或是试着参加一些有一定难度的运动，或是报名参加以前从未接触过的兴趣小组，如烘焙、烹饪、舞蹈等。

3. 自我质疑

我们还可以对自己习惯的思维方式提出质疑，并试着寻找改进的空间。这里有一个非常简单的方法，就是在每晚临睡前，回忆并写下自己当天做过的3件事，然后进行自我分析和点评，看看自己的决策有没有可以改进的地方。像这样坚持一段时间后，我们会发现自己的思维方式变得更加灵活了。

4. 快速试错

有的时候，我们之所以不敢打破常规思维，是因为害怕失败。为此，我们可以采用“快速试错”的办法，比如对一些比较简单的日常任务，可以大胆尝试全新的方法，就算遭遇了失败，我们也能迅速调整，不会给自己造成大的损失。而这种失败却可以帮助我们调整思路，优化办事方法。

上述这些具体的方法，需要我们经常去做，才能产生效果。久而久之，我们便能打破常规思维，培养起更加灵活和富有创新性的思维方式。

训练你的“逆向思维”，反其道而行之

变通思维告诉我们，在面临问题时，不能拘泥于固定的模式和成熟的规则，而是要根据具体情况和实际需求进行“灵动”的思考。

在这个过程中，我们常常会引入“逆向思维”，让问题出现突破性的进展。这种逆向思维，也被称为“求异思维”。简单地说，就是对生活中那些习以为常的事物进行非常规的、反向的思考。

我国的古圣先贤早已有过类似的阐述。比如在《道德经》中，我们就能读到“天下皆知美之为美，斯恶已。皆知善之为善，斯不善已……”等语句，这是在告诉我们，看待事物时不能只关注其“正面”，还要注意其“反面”，这样视角才会更完整，认知才会更全面。

很多成功人士正是凭借着巧妙的逆向思维，在各自的领域中取得了卓越的成就。逆向思维要求我们有胆量打破常规、挑战传统，用全新的方式去解决问题。这种思维方式不但能帮助我们在激烈的竞争中脱颖而出，还能推动整个社会的发展和进步。

那么，渴望改变现状的普通人如何才能锻炼出逆向思维呢？这就需要我们改变僵化的思考方式，代之以下面这些新颖的思路。

1．逆转式思考

在思考某一问题时，如果从当前的角度出发，感觉思路严重受阻，我们就可以尝试从相反的角度来思考。

2. 对立式思考

每个事物都有其对立面，当我们从某个方面思考感觉难以突破的时候，就可以从对立面出发，找到新的思考方式，从而获得独特的解决方案。

在这方面，发明家、设计师们会有很多独到的心得，因为他们经常要从事物的功能、结构、属性、方向等诸多方面进行对立式思考。曾经有位著名的工程结构专家想要设计一幢能够抵御强震的大厦。他最初从“保护大厦、提高抗震性能”的方向出发，尝试了很多方法，但效果都不够理想。后来他从“保护”的对立面“破坏”出发，想到了“让某些次要构件适度开裂，降低房屋总刚度”，反而能够避免大厦在地震中倒塌。

在这个例子中，专家采用的就是“对立思考”的办法——用微小的“破坏”起到了“保护”的作用，这样的变通思维实在让人赞叹。

3. 转化式思考

当我们发现某个事物存在缺点、害处时，可能会感到非常惋惜，可要是引入逆向思维，情况就会大不相同——我们可以将这些缺点、害处，转化为优点、好处。这就是转化式思考。

比如金属材料在空气、水等的作用下容易发生锈蚀，导致金属被破坏，这本是材料的一大缺点，可科学家却利用这个缺点发明了蚀刻工艺——通过溶液或其他方式剥离、去除多余的金属材料，可以加工出精密的金属零件、微电子元件等，如此一来，材料的缺点就变成了优点。

在实际生活中，类似的案例还有很多。这提醒了我们，逆向思维的关键是“变通”。只有大胆变通，我们才能跳出既定的视角，从相反的角度、相反的方向、相反的条件出发去思考，进而化被动为主动，顺利地解决问题。

破除思维定式，莫要“一条道走到黑”

“穷则变，变则通，通则久。”这句古老的名言告诉我们，只有主动变化，才能产生开放、通达、成长等积极的后果，否则只会出现滞涩、衰落乃至逐渐消亡的后果。

然而，走入思维定式的人，却会在不知不觉中拒绝变化，并会让自己的思维越来越僵化、死板，在处理问题时，也常会出现“一条道走到黑”的情况。

战国时期，有一个著名的“一条道走到黑”的案例，发生在赵国将领赵括的身上。赵括是赵国名将赵奢的儿子，从小读过很多兵书，又受到父亲的熏陶，谈起用兵之道来滔滔不绝，给人一种精通兵法的错觉。

赵奢对儿子的心性非常了解，曾经说过：“我这个儿子虽然能说会道，却不适合领兵。要是让他带兵出战，赵国可就危险了。”

谁也没有想到，一个带兵出征的机会居然真的落在了赵括身上。当时，赵将廉颇正与秦军在长平（今山西高平境内）对峙，廉颇经验丰富，采取了以逸待劳、积蓄力量的计策，据守城池，抵御住了秦军的猛攻。秦军见久攻不下，便使出了“离间计”，让赵王对廉颇产生了强烈的不满。不久，赵王撤掉了廉颇，让赵括去指挥军队。

此时赵奢早已去世，赵括之母没有忘记丈夫的嘱咐，亲自上书说赵括不适合做将军，但赵王心意已决，不肯收回成命。于是赵括得意扬扬地来到了前线，大刀阔斧地改变了廉颇的战法，然后照搬兵书上的做法，和秦国正面硬拼。此时秦国大将白起根据战场实际情况，灵活调整战术，先是假装败退，接着从后偷袭，将赵军拦腰截断，使其首尾不能相顾。

在这种情况下，赵括本应机动调整，寻找摆脱困境的办法，可他偏偏要"一条道走到黑"。直到几十天后，将士们已经饥饿难忍时，赵括才率精兵突围，结果多次突围都以失败告终，他自己也不幸战死了。

在赵括死后，赵军群龙无首，只得向秦军投降。白起担心接纳了这么多士兵，会出现事端，便将降兵残忍地坑杀殆尽。

整场长平之战让赵国损失了四十五万人。赵王得知消息后，懊悔到了极点，但却无力扭转赵国的颓势。

在长平之战中，赵括就深深地陷入了思维定式，他单纯依靠自己从兵书中获得的知识，去指挥战斗，肯定无法适应战场上瞬息万变的形势；而在陷入困境后，他又因为思维僵化、死板，不能及时做出正确的反应，导致在战场上更加被动，最终不仅自己失去了生命，还让赵军也付出了极其惨重的代价。

由此可见，思维定式危害极大，它会造成思维的僵化，不仅会影响问题的解决，还会阻碍个人的发展。比如长期受思维定式影响的人，会变得故步自封，不能接受新的观点，也就难以获得进步和发展的机会。

在现实生活中，常见的思维定式有以下几种类型，对其特点和原因，我们应当有清楚的认识。

1．习惯性思维定式

这种思维定式与常规思维有一定的相似之处，指的是在思考问题时，倾向于沿用过去习惯的做法。"郑人买履"就是一个典型的例子。那个郑国人在买鞋时，过分依赖事先量好的脚的尺码，却忽视了更加直观、有效的判断方式——用自己的脚试一试鞋的大小，可见思维有多么僵化、死板。

在心理学上，这属于典型的“路径依赖”，即个体在解决问题时，会在惯性的影响下，不自觉地沿着既有的思路或行为模式前进，却不愿意去探索和尝试新思路。比如有的人长期从事某一职业，从未想过去培养一些新的技能，一旦遇到了降职、失业之类的问题，就会束手无策。这就是一种“路径依赖”的表现，想要避免的话，就要学会跳出自己习惯的“圈子”，用变通的眼光看待自己的未来，为可能出现的“变化”从心理上和技能上做好准备。

2. 书本式思维定式

即过分依赖书本知识或权威的意见，常常把这些知识看成绝对的真理，自己却不会独立思考，更加不善于变通处理问题。

“纸上谈兵”的赵括就有这种思维定式，在解决带兵作战的问题时，他不会去调查战场的实际情况，而是先从书本中找答案，一旦遇到和书本不相符的情况，就会无计可施。

3. 经验式思维定式

有的人总是喜欢照搬自己过去的成功经验来解决问题，这其实也是一种思维定式。

《伊索寓言》中有这样一个故事：一头驴子驮着两大袋盐过河，一不小心，滑倒在河水中，盐溶化了，驴子顿感全身轻松。从此以后，驴子过河时都会故意“滑倒”，然而有一次，它驮的货物是棉花，当棉花吸水后，变得沉重无比，驴子被压得站不起来，心中懊悔不已。

很显然，这头驴子就犯了经验式思维定式的错误。因为情况总是会发生变化的，过去能够奏效的方法和策略，现在却不一定适用。如果单纯依赖经验，只会限制自己的适应能力和创新能力，难以应对新的挑战。

4. 局限性思维定式

局限性思维定式是一种片面的思考方式，主要是因为个体在思考问题时受到了某种限制或束缚，导致思维范围狭窄，看不到问题的全貌。这可能与认知偏见有关，也可能是缺乏某方面的知识，致使在思考时忽略了重要的信息和因素，因而很容易出现错误的判断。

在实际生活和工作中，我们应该警惕并努力克服这些思维定式的负面影响，要培养灵活多变的思维方式，切勿“一条道走到黑”。

曲径通幽，变通决定出路

唐代诗人常建在《题破山寺后禅院》一诗中写道：“曲径通幽处，禅房花木深。”这句诗描写了一条弯弯曲曲的小路通向幽静深远之地的景象，给人以无限的遐想。

随着时间的推移，“曲径通幽”有了新的含义，是说思考问题或处理事情不受常规约束，能够另辟蹊径，或以迂回的方式达到目的。

回望历史，我们能够看到很多“曲径通幽”的例子。在西汉时期，有一个叫东方朔的人才华横溢，也非常自信，曾向汉武帝上书自荐，吹嘘自己容貌不凡、学识渊博，还有勇猛、廉洁、守信等多种良好的品格，完全有资格成为天子近臣。可汉武帝只让人给他发放了微薄的俸禄，却没有召见他。

为了得到汉武帝的重视，东方朔想了个奇特的办法。他来到一些给汉武帝养马的侏儒身边，故意吓唬他们说：“你们这些人，既不会种田，又不能打仗，更不能为官，留着你们有什么用啊？怪不得皇上下令要杀掉你们呢！”大概是东方朔的表现过于逼真，竟然把这些侏儒吓得号啕大哭起来。

东方朔顺势给他们出主意：“你们只是哭也没用啊！我听说一会儿皇上就会到这里来，你们赶紧磕头求饶吧。皇上看你们可怜，说不定就赦免你们了！”

不一会儿，汉武帝真的来到此处，侏儒们立刻拥了上去，一边大哭一边求饶。等汉武帝问明了原委，才知道是东方朔在捣鬼，便让人把他绑来治罪。

没想到东方朔要的就是面见汉武帝的机会，虽然冒着被杀的风险，他却面不改色，还滔滔不绝地讲起了话："陛下，您看这些侏儒才三尺高，我东方朔却有九尺高，我们领一样的俸禄，侏儒能吃饱，我东方朔却快要饿死了。您要是觉得我有才，就多给些钱粮吧；要是真的看不上我，我回家就是了，总不能白吃长安的米啊！"

汉武帝被他这一番话逗得哈哈大笑，也对他产生了一些兴趣。之后汉武帝给了他展现才华的机会，他也用心做事，证明了自己是个有能力、有胆识的人。

在无人赏识的时候，东方朔没有哀叹命运的不公，也没有消极地等待，而是想了个"曲径通幽"的办法——他故意哄骗侏儒们闹事，吸引了汉武帝的注意，进而成功地"推销"了自己，并得到了重用。这种做法不仅表现了难得的勇气和智慧，更展示了他面对难题时的变通能力。

在现代社会，我们同样需要这种"曲径通幽"式的变通思维，这样才能在一筹莫展的情境中找到有效的解决方案。

下面这两种思维方式都能帮我们跳出传统框架，激发创新思维，达到"曲径通幽"的效果。

1. 侧向思维

侧向思维就是从正面和反面无法突破时，想办法从"侧面"打开缺口，从而达到"曲径通幽"的目的。

在两百年前，听诊器还未发明，一位医生想要了解病人胸腔积水的情况，却怎么都找不到思路。后来，医生无意中看到酒商在叩击酒桶，得知酒商是用这种方式估测酒含量的，不禁茅塞顿开，发明了"叩诊法"——

通过叩击胸壁听到的声音，诊断胸腔病变。这就是一个很典型的“侧向思维”的例子。

2. W形思维

这是一种循环往复式的思考方式，其思考过程类似于“W”形——最中间的一点代表已经取得了一部分成功，但想要到达最右边的顶点即最终的成功，还得先后退一段距离，然后迂回前进，实现“曲径通幽”。

比如一位职场人士在长期从事某一领域的工作后，发现自己进入了“瓶颈”状态。考虑到职业发展的不确定性，他选择了W型思维——他分析了自己的兴趣、能力和市场需求，决定暂时离开当前的工作领域，进行一段时间的自我提升和学习，这属于一种“后退战略”。当他积累了足够的知识和经验后，又开始实施“迂回战略”——成功转型到新的工作领域，凭借出色的表现获得了新的职业机会，就这样，他实现了个人职业生涯的转型和升级。

在实际应用中，这两种思维方式并非孤立存在，而是可以相互结合、相互补充的。通过灵活运用这些思维方式，我们可以更加自如地应对复杂多变的问题，轻松实现“曲径通幽”。

第三章

进与退的变通：知行知止，知止而行

“进”与“退”的智慧：掌握人生的主动权

在漫漫人生路上，我们常常会面临这样的选择：是高歌猛进，还是适时后退？前者代表着主动出击、寻求机遇、扩大优势；而后者则意味着暂时收敛、积蓄力量、等待时机，然后重新出发。

王阳明说过：“一起一伏，一进一退，自是功夫节次。”这是在提醒我们，“进”与“退”是个人成长和发展的必经之路，我们必须懂一些“进退”的智慧，才能做出恰到好处的决策，并能够由此掌握人生的主动权。

韩信是西汉初年杰出的军事家，他的人生经历中充满了“进”与“退”的选择。

韩信自幼家境贫寒，父母早亡，不得不寄居在别人家里吃闲饭，尝尽了人间的冷暖。但韩信很有志向，总觉得自己以后会有一番大的作为。

有一天，韩信在淮阴（今属江苏淮安）街头被一个人高马大的屠夫拦住了。屠夫当众辱骂他，说他看上去很高大，其实却是个胆小鬼，还逼迫他从自己的胯下钻过去。

面对如此过分的羞辱，韩信并未发怒，他冷冷地盯着那个屠夫，过了好一阵子，才趴在地上，从屠夫的两腿之间钻了过去。周围的人看到后，都指着韩信不停地嘲笑，说他是个没用的懦夫。

可这些人都没有想到，正是他们看不起的韩信，竟然有勇气投奔项梁领导的抗秦义军，后来又归入了项羽麾下，最后辗转成为刘邦手下的大将军。之后他南征北战，为汉朝的建立立下了汗马功劳。

在陈仓（今陕西宝鸡陈仓区）之战中，韩信为刘邦献计“明修栈道，暗度陈仓”，从小路出奇兵，夺取了关中；在井陉（今河北井陉县北）之战中，韩信率领的兵力只有3万左右，对方却有20万大军。韩信没有选择硬碰硬，而是采用了“背水一战”和“奇兵制胜”的策略，一方面激发将士们的斗志，另一方面用奇兵打了敌军一个措手不及，最终以少胜多，创造了军事史上的奇迹……就连刘邦都说，韩信率领百万之军，战无不胜，让他自愧不如。

在面对“进退”抉择时，韩信总是能够做出正确的选择。当他被无知的屠夫和路人嘲笑、侮辱时，他选择了退让，虽然忍辱负重，却让我们看到了他坚强、隐忍的心性。韩信在建功立业后，还曾经召见过那个屠夫，却没有惩罚他，而是封他做中尉，还称他为“壮士”，这一举动也为韩信赢得了无数赞誉。

然而，到了战场上，韩信又表现出了“进取”的态度，不但敢于冒险，还善于创新，通过灵活的战术取得了辉煌的胜利。

那么，我们可以从韩信身上学到哪些“进”与“退”的智慧呢？

1. 进取并非盲目冒进

“进取”在个人成长的过程中起着至关重要的作用，比如在求学时，积极进取的态度会让我们不怕困难和挑战，能够吸收更多的知识；在人际关系中，进取的态度能让我们敞开心扉，积极地与他人沟通交流，赢得他人的好感和信任；在职业生涯中，进取的态度能够推动我们圆满解决一个个有难度的任务，从而不断攀登事业的高峰。

不过，进取不能盲目，像韩信在军事行动中就总是先精心布局，然后才勇猛前进，而且他很善于根据战场的实际情况灵活调整战略战术。这提醒了我们，在进取时一定要有计划、有策略，并要注意保持灵活性。

2. 退守并非逃避放弃

人们常常把“退守”当成消极的逃避或放弃。可实际上，退守也是一种策略。比如在面对难以战胜的对手时，适时的“退守”可以避免无谓的牺牲，有利于保存实力。

韩信被屠夫羞辱时，就采用了这样的策略，因为他当时势单力薄，如果与屠夫“硬拼”，很可能会受到严重的伤害。所以他选择暂时退让，既避免了无谓的争执，又能够保护自己。在个人发展中，如果我们遇到了艰难的处境，不妨像韩信这样，用暂时的“退守”换来自我保护和调整的机会，然后重新审视方向，以更加稳健的步伐继续前行。

3. 灵活运用进与退的策略

“进”与“退”并不是孤立存在的，在很多情境下，我们都需要灵活运用“进”与“退”的策略。比如，在工作中，如果需要展示自己的实力，我们就应当采取积极进取的态度，不宜表现得畏首畏尾；而在遭遇失败时，则需要暂时退一步，先进行反思，再逐步调整。

在生活中也是如此，有的时候我们可以积极进取，以尝试新鲜事物、获得不一样的生活体验；有的时候又要适当后退，以放慢脚步，更好地享受生活。只有做到进退有度，我们才能将人生的主动权牢牢握在手中，让自己能够达到更高的境界。

进中求稳：稳健前行，避免冒进

在追求发展的同时，我们不能忽视“稳定”的重要性，也就是要做到“进中求稳”，这也是一条非常重要的“变通思维”。

行稳致远，就是说，我们无论做任何事情，从开始到结束都要保持谨慎的态度，要以稳健的步伐前行，才更容易实现长远的目标。

汉朝的曹参可以说是“稳中求进”的代表人物。在汉朝初期，曹参接替了萧何成为新任相国。他上任后，并没有改变现有的规章制度，而是完全遵循了萧何制定的各项章程。因为他对萧何的能力非常认可，知道那些政策和法令很适合当时政治、经济、民生的实际情况，所以他选择了“稳定为先，保持现状”。

汉惠帝对此很不理解，他生气地质问曹参，问他为什么不理政事。曹参没有直接回答原因，而是用恭敬的语气问道：“陛下，您觉得自己和高祖皇帝比起来，谁更英明呢？”惠帝连忙回答：“你怎么能问这样的问题？我怎么敢跟先帝比呢？”

曹参又问：“那陛下觉得我跟萧何比起来，谁更有才干？”惠帝不假思索道：“当然是萧何了！”

曹参哈哈一笑说：“陛下说得很对。既然萧何已经制定了明确的法令，对治理国家也发挥了良好的作用，我们又何必去改变它呢，这不是多此一举吗？”惠帝觉得这话很有道理，也就不再为难曹参了。

没想到，从那以后竟有了“萧规曹随”的说法。有些大臣看不惯曹参，批评他“懒政”，可老百姓却不这么认为，他们都说曹大人非常贤明，因为他维持了原有的规章制度，让国家能够保持稳定，大家才能过上安宁的生活。

曹参的“进中求稳”，显示出他思维的理性和成熟。从表面上看，他是在坚守已有的规则和制度，不轻易改变，实际上是为了保证政治环境的稳定，避免因政策随意变动而引发政局动荡、社会混乱。要知道，当时汉朝才刚刚打开稳定的局面，迈出了发展的第一步，老百姓也才刚刚过上比较安宁的生活，所以曹参的做法是非常恰当的，不但能够减轻老百姓的负担，还能为汉王朝走向繁荣贡献一份力量。

事实上，在很多时候，我们都有必要采用“进中求稳”的策略，也就是在积极进取的同时，追求步伐稳健，做到“稳扎稳打”。比如，在个人职业生涯的快速发展阶段，坚持“进中求稳”，能够避免因冒进而导致的失败。通过稳健地提升自己的能力，我们将会迎来更多的机遇。再如，组织进入发展壮大的关键阶段，坚持“进中求稳”，能够确保组织结构稳定，有利于组织的可持续发展。通过稳健地推进各项业务，组织的竞争力也会不断增强。

那么，我们如何才能做到“进中求稳”呢？

1. 保持理性

在前进的过程中，我们一定要保持足够的理性，要对当前的情况和自己的能力有清晰的认识，并要根据实际情况制订合理的计划。这样就不会因为急于求成或过于冲动而走上“冒进”的道路。

比如，一位软件工程师为某个项目制订了非常紧凑的时间表，认为自己能够在极短的时间内完成所有任务，却忽略了实际执行时可能出现的各种技术难题、需求变更，结果为后续的工作埋下了重重隐患，最终项目没能按时交付，这位工程师也为“贪功冒进”的错误付出了不小的代价。

2. 注重积累

我们不能总是“高歌猛进”，而是要一边前进一边积累。要积累的内容不仅有知识、能力、经验、资源，还有从失败和挫折中总结的教训。这些都是人生中宝贵的无形财富，积累得越多，我们在处理问题时就越有把握，前进的步伐也就越稳健。

3. 谨慎决策

在决策的过程中，我们更要保持谨慎的态度，要掌握足够的信息，并要充分考虑各种因素，权衡利弊得失后才能进行决策。切勿匆忙下结论，更不要迷信直觉或是照搬他人的成功决策，否则很容易导致决策失败。

此外，我们还需要避免盲目乐观，强化风险意识，以及时发现和应对潜在的风险，让“进中求稳”的策略能够顺利推进。

知止而退：明辨是非，及时止步

“故知足不辱，知止不殆，可以长久。”这句话出自《道德经》，强调了“知足”“知止”的重要性。“知足”就是知道满足，这样便不会蒙受羞辱；“知止”就是知道适可而止，这样便不会遭遇危险。

这提醒了我们，做人做事要有节制，不能贪得无厌，到了一定的程度，就应当果断止步，这样才不会陷入不必要的困境。

在历史上，有许多智者能够洞察时局、明辨是非，在关键时刻“知止而退”。张良就是其中之一。

张良早年跟随刘邦，为其出谋划策，屡立奇功。在进攻咸阳前，刘邦本来想强攻镇守晓关(今陕西蓝田境内)的秦军，却被张良劝止。张良派人去游说秦将，使他同意反叛。接下来，张良趁着秦军内部混乱、防备松懈的机会，劝刘邦发起突然攻击，果然获得大胜。

刘邦顺利进入咸阳后，产生了骄傲自满的情绪，迷上了享乐。张良连忙劝谏，还举出了秦朝因为统治者荒淫无道导致覆灭的教训，让刘邦警醒过来，退出了皇宫，回到霸上（今陕西西安市东）驻扎。

后来，项羽对刘邦先入咸阳一事十分不满，又听了谋士范增的建议，打算在鸿门宴上除掉刘邦。张良又及时献计，劝说刘邦主动向项羽谢罪，从而避免了被杀害的厄运。日后在楚汉争霸的过程中，张良更是屡献良策，帮助刘邦成功击败项羽，最终夺得天下。

刘邦登基称帝后，决定分封开国功臣，让张良自己挑选三万户的封地，张良不敢接受，说自己只要一个留地（今江苏沛县，据说当年张良就是在这里和刘邦相遇的）就够了，刘邦便封他做了留侯。但是张良心中已经产生了退意，他深知“鸟尽弓藏”的道理，于是找了个合适的机会，告诉刘邦自己的愿望已经都实现了，现在只想放弃人间的一切，去云游修仙。刘邦虽然有些舍不得，但看张良去意已决，便应允了他的请求。

相传，张良去了风景秀丽的黄袍山（今湖北咸宁通城县东南），在那里潜心修道，过上了隐居生活。他晚年生活安闲，去世后被追封为文成侯。

历史上功高震主、兔死狗烹的悲剧屡见不鲜，张良不愿步那些人的后尘，便及时止步，退隐民间。这不仅表明他不慕虚荣、淡泊名利，还显示出他具有非凡的眼界、高人一等的智慧。

张良的“止步”，不是消极的逃避，而是在精准分析实际情况、明辨是非后做出的正确决策。他的行为是对“知止而退”这一人生哲学的生动诠释，对后人具有深刻的指导意义。

在现代社会，“知止而退”的道理在职场、人际关系以及个人发展的多种情境中都很适用，它提醒我们在追求目标的同时，也要懂得适时止步，这样才能保全自身或保护长远的利益。

那么，如何才能做到“知止”呢？

1. 培养辨别是非的能力

辨别是非的能力可以借助广泛阅读、深入思考和参加讨论等方法来进行培养。

比如，在阅读时要选择多样化的书籍、文章，以拓宽视野，在阅读后要记笔记或写读后感，以加深理解和记忆；对于所读内容，不能仅停留于表面，而是要尝试理解其背后的逻辑，并要从不同角度审视这些内容，以提升辨别和判断能力；此外，还可以和持有不同观点的人一起讨论，有助于我们更准确地判断是非对错。

2. 控制好自己的欲望

欲望是推动我们前进的动力，但过度的欲望却会让我们迷失方向。恰如《素书》所说的“吉莫吉于知足，苦莫苦于多愿”——给人带来最多好处的，是知道满足；给人造成最大苦恼的，是太多欲望。因此，我们需要保持理智，不要在欲望的驱使下做出让自己后悔的事情。我们还要给自己的欲望设定合理的界限，避免过度追求。

此外，我们还可以学习“延迟满足”，也就是为了那些更有价值的长远利益，放弃能让我们获得即时满足的选择，这有助于提升我们的自制能力，让我们做到“适可而止”。

3. 学会说“不”

在日常工作和生活中，我们还要拒绝那些不符合自己原则或目标的请求，或是那些会对自己产生害处的诱惑。比如，对不正当的商业行为、违背职业道德的决策等，我们就应当毫不犹豫地说“不”。

通过以上这些方法，我们可以更好地在现代生活中实践“知止而退”的智慧，做出对自己和他人都有益的决策。

以退为进：暂时撤退，积蓄力量

“以退为进”的变通思维历来备受人们的推崇。它告诉我们，在某些情况下，暂时的退却并不代表失败，而是为了积蓄力量，寻找更好的前进机会。

《道德经》中有一句“进道若退，夷道若颣”，就是在说，看似后退的道路，反而是在前进；看似崎岖曲折的道路，反而是平坦的。宋代词人吴潜在《望江南》中也写道：“世上盛衰常倚伏，天家日月也亏盈。退步是前程。”这些话语中蕴含的深意值得我们反复揣摩。

唐代文学家韩愈是“以退为进”的忠实践行者，他甚至给自己取字“退之”。有人表示不太理解，韩愈还在《答侯继书》中这样解释道：“冀足下知吾之退，未始不为进，而众人之进，未始不为退也。”意思是，他的退让并不一定是真正的“后退”，反而可能是策略性的前进；而大多数人所追求的“前进”，却可能隐藏着后退的风险。由此可见，韩愈对于“进退”这对矛盾体有着深刻的认识和独到的见解。

韩愈在为官时表现出了强烈的“进取”态度，一旦认准了一件事，就会积极争取、直言进谏。有一次，他劝唐宪宗不要大张旗鼓地敬佛，结果触怒了唐宪宗，被贬为潮州（今广东东部）刺史，但他并不为此感到后悔。

到潮州后，韩愈不再像过去那样追求“前进”，反而主动“退让”，用一篇言辞恳切的《潮州刺史谢上表》向皇帝承认错误并表示歉意。

在那篇文章里，韩愈用“狂妄戆愚，不识礼度”的说法进行了自贬，又花费不少笔墨，真诚地赞美唐宪宗心胸宽广，能够“哀臣愚忠，恕臣狂直”。唐宪宗读过这封“道歉信”后，不但消了气，还打算再度重用韩愈。

虽然有大臣极力劝阻唐宪宗起用韩愈，但韩愈还是被调到离长安更近的袁州（今江西宜春），品阶和待遇都获得了提升。韩愈非常珍惜这个机会，他在潮州、袁州做了很多实事，赢得了百姓的信任和拥护。

有人认为韩愈的“退让”是软弱、妥协的行为，可实际上，这正是他的智慧之处。因为他深知自己并没有犯什么原则性的错误，只是在向皇帝提意见时没有注意方式方法，言辞过于犀利，让皇帝感到“丢了面子”。

因此他决定暂时“退一步”，向皇帝“低头”，这样既能给皇帝一个“台阶”下，又能保全自己，还赢得了重回朝堂、继续为人民办实事的机会，何乐而不为呢?

韩愈的做法让我们看到,“以退为进”并不是简单的逃避或“认输”，而是策略性的暂时退让，这也是一种调整自身状态、重新评估局势的过程。

在实际生活中，“以退为进”的应用是非常广泛的。例如，当我们面临巨大的压力时，可以先搁置手头的工作，调整好情绪、稳定好心态，再回头面对工作；在企业面临困境时，也可以先暂停进取时的发展路线，先暂时收缩业务、精简人员、优化办事流程，以保存实力，等市场回暖后再次出击；当我们与他人发生矛盾时，也可以像韩愈一样暂时退让、避免正面冲突，这样不但能够缓解紧张的局势，还能为双方留下更多的沟通空间。

在“以退为进”的过程中，有一些环节需要特别注意。

1. 做好全面评估

我们不能盲目“退让”，在做出正式决定前，我们需要对当前情境进行全面评估，比如要评估可能出现的风险，并要考虑对手的反应、外部环境的变化以及其他可能影响结果的因素。如果都在自己能够接受的范围内，我们就可以选择“退让”。

2. 注意掌控节奏

“退让”并不是无底线、无休止的，否则会给我们自己造成严重的损失。因此，我们一定要提前设定好“止损点”，并要掌握好退让的节奏和时机。一旦触及这个“止损点”，我们就应当改变策略，这样才能更好地保护自身的利益。

3. 注重灵活应变

如果选择了“以退为进”策略，我们还要根据实际情况灵活应变。比如发现“退让”后效果不佳，或是当前环境已经发生了变化，不再适合“退让”，那我们就要及时调整策略，这样才更符合“变通思维”的要求。

4. 注意调适心理

采取“以退为进”的策略，难免会给自己造成一定的心理压力，这时候我们需要保持冷静和自信，并要学会从失败中汲取教训，不断提升自己的心理素质。

除此之外，我们在“退让”的过程中还需要整理资源，做好“前进”的准备。这里所说的“资源”，包括人力、物力、财力和自身能力等多个方面。只有拥有足够的资源，我们才能确保在未来的某个时刻可以充满自信地重新出发，迎接新的挑战和机遇。

退而求其次：争取“次优选项”

每个人都渴望实现心中最完美的目标，然而，在现实条件的限制下，“完美”总是难以企及。此时与其强求“完美”，不如变通思维，试试“退而求其次”的做法——争取那个“次优”的选项，说不定会有令人意想不到的良好结果。

明末清初有位医学家喻嘉言，就曾有过“退而求其次”的经历，并因此改变了自己的人生轨迹。

喻嘉言从小就很聪明，在明天启年间，他考中了贡生，本想通过仕途实现理想，为国为民尽一份力量。然而当时时局动荡，没有人愿意听取他的建议。他在京城苦苦熬了3年，也没能等到一个施展才华的机会，不免十分失望。

心灰意懒的他一度选择削发为僧，遁入空门，潜心研究佛学和医学。他用几年时间苦读了《黄帝内经》《伤寒论》《本草纲目》等医学著作，为日后行医打下了坚实的基础。

有一天，喻嘉言想起了范仲淹“不为良相，便为良医”的志向，只觉得眼前一亮。他对自己说：“我想要服务于国家和人民，行医不也是一条很好的道路吗？”于是他果断下山，往来于江西、浙江、江苏、安徽等地，用自己高超的医术救治了无数病患，其中有很多都是看不起病的穷苦百姓。喻嘉言不但免费为穷人看诊，还赠送药物，有时还会在药包里放一点银钱，希望能改善病人的生活。这些善举让他赢得了老百姓的赞誉，医学界的人士也对他非常佩服。

在治病救人的同时，喻嘉言还积极地培养学生，很多日后知名的医学家都曾听过他讲的课。他还撰写了几部医书，为中医学的发展做出了重要的贡献。在他去世后，众多的医家为他的灵柩送行，僧人们为他立祠，老百姓为他立塑像，时常拜祭……

喻嘉言所处的时代动荡不安，他心中最美好的理想难以实现，但他最终“退而求其次”，选择了从医的道路，凭借自己精湛的医术、高尚的医德，造福一方，也实现了自己的人生价值。这种“退而求其次”的做法让我们看到了他的智慧和勇气，也看到了他对国家和人民的深厚情感。

在人生的道路上，我们难免也会遇到类似的情况，如果尽自己最大的努力，仍然无法达成“完美选项”，那就不必拘泥于此，不妨及时地退一步，寻找那个“次优选项”，或许会产生“山重水复疑无路，柳暗花明又一村”的效果。

下面，我们就来看看“退而求其次”有哪些关键点。

1. 识别“次优选项”

我们需要把所有可能的选择列举出来，然后对其难易程度、潜在风险和可能的回报等进行综合评估，以准确定位“完美选项”和“次优选项”。

比如，在找工作时，大型跨国企业、国内龙头企业等可以成为自己的“完美选项”，但如果没有适合的岗位，就可以把发展迅速的中型企业等作为“次优选项”。

2. 接受“次优选项”

心理学研究表明，能够接受并适应“不完美结果”的人，往往拥有更高的生活满意度和心理健康水平。因此，在“完美选项”实在无法达成的时候，我们要告诉自己，这并不意味着失败，而是说明我们需要顺应当前的实际情况，做出不同的选择。

另外，我们可以尝试从积极的角度看待“次优选项”，发现它能够带来意想不到的好处或机会。比如，我们计划去某个心仪已久的目的地旅行，但由于各种原因不得不取消该计划，转而选择另一个次优的目的地，此时我们不必沮丧，而是要接受这个“次优选项”，并要看到它的独特之处，如能让我们品尝不一样的美食、观赏不一样的自然景观、获得不一样的旅游体验，等等，也就能够享受“次优选项”所带来的乐趣了。

3. 运作“次优选项”

“次优选项”一定不如我们心中的“完美选项”吗？其实也未必。喻嘉言就用自己的人生经历告诉我们，只要我们愿意投入时间和精力，并能够遵循一定的方法，“次优选项”就可以被运作得很成功。

为此，在我们选定“次优选项”后，一定要制订一个详细的行动计划，包括具体的步骤、时间表和需要的资源等，然后我们就要抓紧时间展开行动。在这个过程中，我们要主动寻找可能出现的机遇，将其转化为自身优势。

比如，我们在求学时选择了一个“次优专业”，那就可以先制订一个计划来增强各项技能，如参加实习、课程或工作坊等，以增强自己在该领域的竞争力。另外，我们也要时刻关注行业趋势和新兴领域，以便在需要时做出调整。

总之，退而求其次，争取“次优选项”是一种变通的智慧，可以让我们获得更广阔的视野和更多的选择空间，有利于实现个人的成长和终生幸福。

狭路相逢，别做不懂进退的“斗鸡”

在博弈学中，有一个经典模型“斗鸡博弈”。它描述了这样的情境：有两只实力相当的斗鸡在一条狭窄的路上迎面相遇，此时每只鸡都面临着两种选择——要么向对方发起进攻，要么向后退让，让对方先通过。

我们不妨来想象一下，如果它们双方都不肯退让，最终会陷入你死我活的争斗中，落得个两败俱伤的结局。可要是其中的一方能够变通思维，主动退让，就能消除剑拔弩张的氛围，避免不必要的损失。

在下面这个民间故事中，我们就能够看到“斗鸡博弈”的影子。

相传在清康熙年间，安徽桐城的张家人和吴家人因为地界问题闹得不可开交。两家人为此争执不休，还闹上了县衙，可这两家人身份都很显赫，县官也不敢轻易做出裁决。

张家人实在气不过，给在京城担任大官的张英写信，想让他主持公道。可张英看过信后，不但没有用权势去压迫吴家人，反而选择主动退让。他甚至写了一首诗劝说家人：“千里修书只为墙，让他三尺又何妨。万里长城今犹在，不见当年秦始皇。”

张家人读过这首诗后，都很惭愧，他们按照张英的意思，主动让出了三尺地。没想到这一举动让吴家人深受感动，他们也让出了三尺地。

从那以后，这两家人冰释前嫌，而他们共同让出的土地变成了一条六尺宽的巷子，这就是著名的“六尺巷”。

这个故事告诉我们，在“斗鸡博弈”中，学会主动退让是非常重要的。一方面，主动退让可以避免双方发生直接冲突，也就不会像不懂进退的“斗鸡”一样损失惨重；另一方面，主动退让有利于消除矛盾，维护长期的关系，就像在这个故事中，邻里之间的关系就得到了很大的改善，从彼此对抗、互不相让走向了互相理解、互相谦让。

更值得一提的是，主动退让还能够彰显一个人的品质和修养，有利于赢得他人的尊重和信任。正如《菜根谭》所言：“处世让一步为高……待人宽一分是福……”的确，不懂进退，事事相争，只会失去人心，最终损害的还是自身的利益；相反，懂得主动退让，不仅是“与人方便”，也是在成就自己。

需要指出的是，主动退让并不代表要无原则地放弃自己的利益。为此，我们需要注意以下几点。

1. 审时度势

在工作和生活中，如果我们身处“斗鸡博弈”式的情境中，一定不能急于“攻击”对方，而是要先全面评估当前的形势，了解自己和对方的力量对比、心理状态及所掌握的资源等关键因素，之后才能做出是否退让的决策。

2. 掌握主动

人们可能会认为“退让”一定会让自己变得被动，其实不然，通过巧妙的退让，我们可以迫使对方暴露弱点，对方也有可能改变原有的策略，这样我们反而能够变被动为主动，能够获得更多的“以退为进”的机会。

3. 避免过度退让

在退让的过程中，我们必须始终明确自己的原则和底线。我们要在保护自身利益的前提下，努力寻找合适的“决策点”，确保退让既符合策略需要，又不损害自身的根本利益。

4. 考虑长远利益

在决定退让时，我们不能只关注眼前的得失，还要将目光放得更远，要考虑到可能存在的中期利益、长期利益。有时候，为了实现长远的发展目标，放弃一些眼前的蝇头小利，也不失为明智的选择。

5. 制订备选方案

在退让之前，我们还应当制订好备选方案。一旦退让没有达到预期效果，或者对方继续采取咄咄逼人的态度，我们就可以停止退让，并迅速拿出备选方案从容应对。

需要提醒的是，在退让的过程中，我们要与对方保持有效的沟通。这样我们才能更好地理解对方的想法，探明对方真正的需求，也才能够知晓应当退让到哪一步，更能达到我们希望的目的。

学会顺应时势，调整进退的步伐

在调整“进退”的步伐时，我们需要学会顺应时势。正如《孙子兵法》所言：“故兵无常势，水无常形。能因敌变化而取胜者，谓之神。”也就是说，战争中的情况千变万化，作为指挥者，必须顺应时势，采取机动灵活的战略战术。

这种理念也可以应用在“进退之道”中——何时应当采用进取的策略，何时又该采用退让的策略，都应当根据当前所面临的时势灵活调整。

“李牧抗击匈奴”就是一个经典的因时势而“进退”的案例。李牧是战国时期赵国的名将，常年驻守边疆，防范匈奴的进击。

当时匈奴很是猖狂，频频前来滋扰，经验丰富的李牧认为赵军在骑兵方面与匈奴存在一定的差距，便没有急于出击，而是采用了一系列“退守”策略：一方面加强对匈奴动向的侦察，一旦匈奴进犯，就让百姓收回放牧的牲畜，军队退守堡垒，不准迎战；另一方面大力提升军队待遇，同时悄悄对将士们进行训练，不断提升军队的战斗力。如此“退守”了几年，匈奴占不到什么便宜，赵军和百姓也没有什么损失。

可是赵王却不理解李牧的苦心，反而责怪他懦弱无能，但李牧照样我行我素。赵王一怒之下，罢免了李牧。之后，赵王派来了一位新将领，采用了主动进击的战术，却接连失败，还造成了较大的人员伤亡。赵王不得不承认自己决策失误，又将李牧请出了山，此后也不敢再对李牧横加干涉了。

李牧重回边境后，继续采用“退守”策略，哪怕引起了匈奴方面的嘲笑，他也不肯改变战术。终于，李牧见练兵有了明显的成果，将士们求战的意愿也十分强烈，便决定对匈奴展开全面的反击。

为此，李牧进行了一番详细的部署，他先是派士兵到野外放牧了大量牲畜，吸引匈奴前来抢掠，然后让士兵假装败退，等匈奴单于领着军队深入时，李牧突然出兵，对其左右包抄，打得匈奴毫无还手之力。随后李牧又乘胜追击，接连攻取东胡、林胡等部落，取得了辉煌的战果。以后的十多年里，匈奴都不敢再随意进犯了。

在与匈奴对战的过程中，李牧能够很好地顺应时势：在己方不占优势的时候，他坚持“退守”策略，同时积蓄力量，为日后的决战做好准备；在己方实力逐渐提升、“进击”时机成熟时，他立刻进行了精心策划，果断出击，重创匈奴，也为赵国边境赢得了长久的安宁。

这个案例告诉我们，“顺应时势”的退守不等于消极等待、毫无作为，我们应当像李牧这样，在积极观察并深入分析时势的基础上，决定是“进”还是“退”，这样才能做到恰逢其时、恰到好处。

那么，我们如何才能很好地把握并顺应时势呢？

1. 要学会洞察外部环境

外部环境包括宏观趋势、行业动态、相关人员和自身等多个层面。比如，从宏观的角度看，我们应当关注全球以及地区的政治经济趋势，分析它们对个人或组织可能产生的影响；从行业的角度看，我们要定期审视自己所在行业的最新发展情况，包括有没有重要的技术创新、现有竞争格局是否已经发生了改变，等等。

从相关人员的角度看，我们要准确识别那些能够影响我们的决策，或受到我们影响的利益相关者，要尽量理解他们的需求和期望；从自身角度看，我们需要分析自己或组织的优势、劣势，面临的机遇和挑战，等等。上述这几个层面的因素都将影响我们的决策，所以我们一定不能忽视。

2. 要做好必要的风险评估

不管是做出“进”还是“退”的决策，我们都不能保证会百分百取得理想的结果。风险是始终存在的，我们无法回避它，但可以通过评估风险来识别和量化那些潜在的威胁，并可以采取相应的措施，以尽可能减少损失。

因此，在决策前，我们需要列出所有可能出现的内外部风险因素，然后评估每个风险因素发生的可能性及其会造成的影响的严重性。接下来，我们可以对风险因素进行评级，以准确定位关键性的风险。最后，我们可以为每个关键风险制定预防措施，而这些措施将会在未来起到非常积极的作用。

3. 要灵活地做出“进退”决策

我们还需要具备灵活的思维和果断决策的能力，在关键时刻能够迅速调整战略，做出“进”或“退”的决策。

为此，我们可以根据不同的情景假设，制订多种决策方案，以应对未来可能的变化。如果在调整决策的同时面临挑战，我们需要保持冷静的头脑，不要被表面的现象所迷惑，而是要深入认识事物的本质和规律，从而找到最佳的应对策略。

通过上述这些实践方法，我们能够保持敏锐的洞察力和灵活应变的能力，可以更好地调整“进退”的步伐，从而在不确定性中把握机遇、规避风险，让每一步都走得更加稳健。

第四章

取与舍的变通：将欲取之，必先予之

有舍才有得，“舍得”之间见智慧

俗话说：“舍得，舍得，有舍才有得。”这句话乍听起来很是平常，可要是引入变通思维，细细琢磨，便会发现它揭示了人生的真谛。

这句话告诉我们，在人生的历程中，为了获得某些珍贵的东西，我们必须舍得放弃那些不太重要的东西。而且只有敢于舍弃，我们才能有更好的收获。

在历史上，曾经出现过很多“有舍才有得”的真实案例，春秋时期范蠡的“舍得智慧”就是其中之一。

范蠡本是楚国人，因不满当时楚国政治黑暗的现状，决定投奔越国，辅佐越王勾践。他曾向勾践进言，希望暂缓伐吴，但勾践不愿听从，结果惨败于吴国。

为了帮越国赢得喘息的机会，范蠡劝勾践舍去暂时的荣耀和自由，与王妃、大臣们一起前往吴国为奴。勾践在深思熟虑后，接受了这个建议，范蠡便和他一起来到吴国，忍辱负重，借机周旋，最终得到信任，回到越国。

之后范蠡为复兴越国贡献了很多计策，比如对内大力发展生产，增强国力，扩大兵源，对外则继续保持弱小的形象，以麻痹吴国，同时谋求和其他国家建立友好的关系。与此同时，吴国对越国越来越轻视，没有起防范之心。

几年后，越国国力较为强盛，范蠡趁吴王率兵与晋国会盟的机会，建议勾践起兵伐吴，成功击败了吴国军队。随后范蠡又提出“乘胜追击”的计策，勾践照着去做，又取得了一系列的胜利，最终将吴王围困在了姑苏山。此时勾践对吴王起了怜悯之心，范蠡害怕留下后患，便直接带兵进攻，逼吴王自杀。

完成了灭吴的大事后，范蠡意识到自己应当急流勇退，因为他很了解勾践的性格，也明白“飞鸟尽，良弓藏”的道理，担心日后会遭到勾践的猜忌。于是他主动请辞，并放弃了自己全部的家产，哪怕勾践提出要和他平分越国，他都不肯留下。

范蠡离开越国后，走上了经商的道路，还被聘为齐国卿相，但三年后，他又一次辞官，第二次散尽家财，改去陶地经商。他不想再纠缠于过去的人和事，自称“陶朱公”，由于他善于经营，很快就积累起了巨额财富，但他并没有惜财如命，相反，在当地出现严重灾害的时候，他又一次舍去了全部财产，只为多救济一些百姓……

八十八岁时，范蠡寿终正寝。在他去世后，人们一直记着他的功绩，在唐朝时，他被追封为古今六十四名将之一，配享武成王庙。在民间，他也有良好的口碑，被人们尊称为“商圣”“商祖”。

范蠡在人生中经常面对“舍弃”与“获得”的抉择，他毫不犹豫地舍弃了功名利禄，得到了安全和自由；他三次放弃全部财产，得到了最为宝贵的民心。

范蠡那超脱世俗的精神境界让后世之人崇拜不已，秦朝的李斯就盛赞道：“（范蠡）忠以事君，智以保身，千载而下，孰可比伦？”西汉的司马迁也这样评价道：“范蠡三迁皆有荣名，名垂后世。”

范蠡这种“有舍才有得”的智慧值得我们深思和学习。在面对抉择时，我们要有范蠡的勇气和决心，敢于舍弃那些看似诱人但不符合长远利益的事物。

不过，普通人有时候很难做到干脆利落地“舍弃”，这时候我们不妨从以下几个方面进行思考。

1. 识别并接受损失

在很多人看来，舍弃会给自己造成“损失”，这种损失可能是物质上的，也可能是情感上的。因为把损失看得过重，导致这些人在需要做出“舍弃”决策时犹豫不决，难免会错失良机。

因此，学会识别和接受“损失”是非常重要的，这是敢于舍弃的重要一步。我们应当不断地提醒自己，舍弃并不是简单的失去，而是一种为了更高目标必须要做的“策略性牺牲”，这能让我们在决策时保持清醒、理智。

2. 培养决断力

敢于舍弃的人会表现出较强的决断力，在面临选择时，能够当机立断做出决定，像范蠡在几次舍弃家产时，就能做到毫不犹豫、毫不留恋。

我们可以通过日常生活中的小事来锻炼自己的决断力。比如，可以先尝试舍弃一些不健康的习惯，如晚睡、很少运动、暴饮暴食等，换来的是身心健康的提升；再如，可以舍弃一些休闲、娱乐的时间，学习一些实用的新技能，换来的是自身综合素质的提高。经常进行这样的“舍得”训练，我们的决断力将会逐渐增强。

3. 学会放下过去

有的人在做出舍弃的决策后，常常会反复回顾，还会对自己的选择产生质疑，这样不但会浪费时间和精力，还会给自己造成心理负担。

因此，我们要学会坚定地放下过去，有句谚语是“不要为打翻的牛奶哭泣”，说的就是不用为那些无法挽回的东西感到惋惜。所以我们不必后悔自己已经做过的选择，要把注意力集中在当下。《荀子·解蔽》中也有

“不慕往，不闵来，无邑怜之心”的说法，也是在提醒我们不要惦记过去，也不要担忧未来，这样就能少了很多无谓的忧愁和烦恼。

事实上，在舍弃之后，我们可能会面临一些新的机会，所以一定要打起精神来，并要保持足够的警觉，这样才能适应变化的环境，接受并利用好“舍弃”带来的机会，换来自己的成长。

权衡取舍：权衡利弊，做出合理的取舍

“鱼，我所欲也；熊掌，亦我所欲也。两者不可得兼，舍鱼而取熊掌者也。”《孟子》中的这句名言生动地描述了“权衡取舍”的过程。

在面对两种同样令人渴望的选项时，孟子并没有直接给出“哪个更好”的答案，而是强调了“不可得兼”的困境。既然如此，我们就必须仔细权衡每个选项的利弊之处，才能做出合理的“取舍”。

“田忌赛马”这个故事很好地描述了“权衡取舍”策略的运用：田忌是齐国的将军，他经常和贵族们赛马，每次比赛都设有丰厚的赌注。有一次，齐威王约田忌赛马，但齐威王的马匹质量总体上是优于田忌的，田忌输了好几次，心情十分沮丧。

谋士孙膑在一旁认真观察，发现田忌和齐威王的马匹其实实力相差不多，且都可以分为上、中、下三等。于是孙膑给田忌出了个主意：“将军，您下次再赛马时，不妨打乱顺序，用下等马对他们的上等马，用上等马对他们的中等马，用中等马对他们的下等马。”田忌对孙膑十分信任，采纳了他的建议。

在下一次比赛中，孙膑按计划部署，虽然田忌的下等马输掉了第一场比赛，但在接下来的两场比赛中，田忌的中等马和上等马都胜利了，所以最后的胜利属于田忌。

田忌非常高兴，对孙膑的才智也更加佩服，还向齐威王推荐了孙膑。

齐威王与孙膑交谈后，对他的见解赞不绝口，请他担任自己的老师，让他的才学有了更加广阔的施展空间。

在这个故事中，我们可以看到，田忌的赛马在整体实力上是不如齐威王的，如果按照常规思维安排赛程，即用田忌的马与对手同等级的马“硬拼”，最终必定面临失败的结果。于是孙膑果断变通思维、权衡利弊，从众多的赛程方案中选择了获胜概率最大的一种——舍去下等马的胜利，以确保整体的胜利。

这种独特的思维对我们是有启发意义的。在工作和生活中，当我们面对多个选项或多种行动方案时，就可以像孙膑这样，根据自己的最终目标、掌握的资源和面临的外部条件等因素，对各个选项或方案进行理性的分析和比较，再做出取舍的决策。

具体来看，“权衡取舍”可以按照以下几个步骤进行。

1. 明确自己的目标和价值观

在“权衡”之前，我们先要明确自己的目标和价值观，这样才能确定哪个选项最符合自己的需求。这里所说的“目标”应是具体、可衡量的，比如目标是“获取三场比赛的最终胜利”，而“价值观”应是重要的、能够影响决策的基本信念，比如“比赛时不能弄虚作假，要依靠合理的手段获得胜利”，这样的价值观才能对权衡的过程产生积极的指导意义。

2. 列出所有可能的选项或方案

接下来，我们可以把所有可能的选项或方案都列举出来。比如，孙膑就会列出各等级马匹的对阵方案，哪怕其中有的方案看上去不切实际，他也不会忽略，这样他才能在后续步骤中进行全面的比较和分析，并能够找出最有可能获胜的方案。我们在遇到难以抉择的问题时，也可以采用这样的方法，有助于厘清思路。

3. 理性分析每种选项的利弊

对于上一步骤列出的每个选项，我们都要理性分析其利弊。比如，每个选项能够提供的机会是什么，需要面对的风险又是什么；每个选项的短期和直接影响是怎样的，长期和间接影响又是怎样的……在这个过程中，我们需要收集数据、分析事实，必要时还可以咨询资深人士，以保证分析的准确性和全面性。

4. 综合考虑外部因素

在完成上面的步骤后，我们还不能直接做出决策，因为我们还要考虑众多的外部因素，而它们会影响选项的可行性和最终效果。

比如，我们需要从多个产品方案中做出抉择，那就要考虑市场发展趋势、竞争对手的竞争策略、技术革新情况、法律法规的变化情况等外部因素，考虑得越是充分，我们做出的决策就越有“含金量”。

5. 做出取舍决策

综合考虑所有因素后，我们就需要做出最终的取舍决策了。我们的选择可以是最符合目标和价值观的选项，也可以是具有最大潜在收益和最小风险的选项。在做出决策时，我们一定要确保自己已经充分了解每个选项的利弊，并考虑了所有可能的后果。

在进行权衡取舍的全过程中，保持冷静、客观和理性是非常重要的，所以我们不应让自己被情绪或偏见所左右，而应根据事实和逻辑做出决策。此外我们要记住，没有任何一种“取舍”是百分百正确的，我们必须根据实际情况不断地进行优化，才能达到最佳的效果。

下定决心，克服取舍时的“选择障碍”

“选择障碍”是我们在进行取舍时经常会遇到的问题。那些有“选择障碍”的人，在面对不同的选项时，往往会瞻前顾后、左右为难，难以做出最后的决定，以至于白白浪费了不少时间和精力，却一无所获。

还有的人即使勉强自己做出了取舍，也会感到“不踏实”。他们会不由自主地想：“要是我做了另一种选择，结果会不会更好呢？”这种过度分析和过度担忧很可能会让事情向着不好的方向发展……

明朝开国皇帝朱元璋在选择继承人时就遇到了这样的麻烦。朱元璋共有26个儿子，嫡长子朱标是他首选的继承人。一方面，按照传统的嫡长子继承制，朱标继承皇位是理所当然的；另一方面，朱元璋一直用心培养朱标，而朱标在各方面的表现也很出色，很有希望成为一代明君。可惜，朱标在1392年不幸病逝了，这个变故打乱了朱元璋原有的计划，让他在悲痛之余，不得不重新考虑继承人的问题。

当时摆在朱元璋面前的有几种选择，让他左右为难，不知该如何取舍。他曾考虑过四子燕王朱棣，因为朱棣才干出众，军功显赫，不管是在朝堂上还是在民间都有较高的威望。但朱元璋也发现朱棣野心勃勃，对权力充满了渴望，这让他感到十分担忧。更何况，如果立朱棣为太子，比他年长的秦王和晋王肯定会产生异议，到时候难保不会出现乱局。

于是朱元璋想到了朱标的儿子、自己的孙子朱允炆，他继承了父亲的温和谦逊、聪明睿智，也得到了很多朝臣的支持，可他的年龄太小，又缺乏政治经验，朱元璋很担心他有没有掌控大局的能力。

根据史料的记载，朱标去世后，朱元璋用了近5个月的时间才做出了最终的取舍——立朱允炆为皇太孙。不难想象，朱元璋在这段时间里是多么痛苦和烦恼。《明太祖实录》中还有一段他和朝臣谈论此事的记录：因为难以取舍，朱元璋苦恼不已，竟然“大哭而退”。

然而，朱元璋没有想到，自己的决定最后还是引发了严重后果。1398年，朱元璋去世后，朱允炆不许诸王来京会葬，还迫使朱棣返回北平。之后朱允炆又打算实行“削藩”政策，以消除藩王对自己的威胁。第二年，朱棣就以“靖难”的名义起兵反抗。这场历时4年的“靖难之役”以朱棣胜利告终，而朱允炆在宫中纵火后，行踪成谜……

从这个例子可以看出，古代历史人物在面对重大取舍问题时，也会有内心挣扎、纠结的时候。虽然他们没有直接称之为“选择困难症”，但他们的行为和心理状态与现代人所说的“选择障碍”十分类似。

这样的例子也提醒了我们，在需要取舍时应该冷静思考、权衡利弊并坚定自己的决心，还要勇于承担取舍带来的后果。

具体来看，我们可以采用以下这些方法来克服“选择障碍”。

1. 勇敢地接受“不完美”

我们首先应该承认一点：每个人都是不完美的，做出的取舍决定也不可能不出现错误、疏漏。而一个人之所以能够不断进步，其实是在重复着“犯错、修正、再犯错、再修正”的过程。

因此，在取舍过程中，我们不必强求“完美方案”，出错时也不必过于恐慌，要学会接纳不完美的取舍，这样才有助于摆脱“选择障碍”的阴影。

2. 树立自信心

我们要对自己的眼光、智慧和经验有足够的信心，要相信自己能够做出正确的取舍，同时也要相信自己能够处理好可能遇到的困难和挑战，这样就不会有过多的担忧和烦恼。

另外，我们也要纠正“注意偏差问题”。心理学家认为，人的认知资源是有限的，而这会影响注意力的分配。很多时候我们过度关注某一个细节，就会忽略其他重要的细节，由此就会出现“注意力偏差”。像我们把注意力集中在“取舍”可能造成的负面结果上，就会影响正确的判断，所以一定要注意避免。

3. 保持坚定的态度

在做出了取舍决定后，我们还要让自己保持坚定的态度，不必在乎对错，也不要考虑过多因素，只要不断告诉自己“眼前的这个选项就是最好的”，然后尽自己最大的努力行事，哪怕结果不如意，也不必过于懊悔。这种坚定的信念能够形成一种正面的心理暗示，可以让我们不再为选择障碍而苦恼。

需要提醒的是，我们面对的不一定都是重大取舍问题，很多时候，我们要处理的是一些简单的、影响范围较小的问题，这时为了减少决策时间，提升办事效率，不妨相信自己的直觉。

事实上，直觉并不是凭空产生的，也不是下意识的感知，它的产生过程非常微妙，有时能够综合一些我们察觉不到的感受，或是能够根据过去积累的经验做出意想不到的判断，然后才形成这种第一反应。所以，心理学家建议我们在犹豫不决时不妨“跟着感觉走”，这样可能也会得到令人惊喜的结果。

取舍自如，不被他人的意见所扰

在取舍的过程中，我们不但要下定决心，还要坚定自我，要具备明辨是非的能力，不要被别人的意见轻易干扰，这样才不会做出错误的决策。

寓言《骑驴》说的就是这种情况：有位老人和孙子一起骑着毛驴外出，没走多远，就遇到了一个多嘴多舌的路人，说他们两个人共骑一头驴，会把毛驴压坏。老人一听，立刻跳下驴背，让孙子一个人骑在上面，自己在旁边慢悠悠地走着。

谁知迎面走来一位老妇人，看见他们的样子后，连连摇头，说这个孙子不孝顺，只顾自己骑驴，却让爷爷走路。老人没办法，只好叫孙子下来，自己骑驴。可一个路过的年轻人又看不惯了，说爷爷只图自己省力，一点儿都不心疼孙子。

爷孙俩被这些路人弄得无可奈何，只好都不骑驴。哪知道又有路人发表意见，说他们“有驴不骑，是资源浪费”。爷孙俩左右为难，不知该怎么办才好，最后他们只能一起抬着驴往前走……

在这个寓言故事中，爷孙俩的几次取舍就受到了路人意见的影响，可是不管怎么取舍，他们都不能让所有人满意，最后自己也深受其害。由此可见，在取舍时盲目听信他人的意见，只会把自己引向歧途。

而在下面这个例子中，一位美国棒球手不被他人的意见所扰，做到了“取舍自如”。

这位棒球手名叫泰德·威廉斯，曾2次当选美国联盟最有价值球员，6次获得美国棒球联盟打击冠军，还入选了“棒球名人堂”。

曾经有记者问他：“你的打击率能达到0.400以上，远超一般球手的水平，请问你是如何做到这一点的？”威廉斯是这样回答的：“我在无数次训练中，通过仔细观察发现了这样的事实：棒球击球的区域可以划分为77个，当球进入最理想的区域时，我挥棒击打，能保证四成的打击率。但要是勉强去击打位于最边缘位置的球，打击率会下降到三成以下。所以我放弃了低概率球，只击打高概率球，这样做的好处是能保存体力，还能取得好成绩。”

记者对威廉斯的战术表示了认可，但又提出了新的疑问：“您在球场上时，面对的是成千上万的观众，他们肯定更希望看到您不断地挥舞球棒，击打每一个飞来的球。可您只是站在那里等待高概率球，会不会让他们觉得失望呢？”

威廉斯摇头笑道：“我相信每一位球员都想到过这个问题，不过大多数人为了不让观众觉得自己‘懒惰’，就会去击打所有的球。但我不会这么做，因为我不在乎别人怎么评价我。”

威廉斯的话为我们揭开了“取舍自如”的奥秘，他不会因为别人的意见就放弃正确的做法，他坚定地选择高概率球，放弃低概率球，最终成为最优秀的球员。而其他球员却总是围着观众的感受转，被观众的意见深深影响，导致失去了自我提升的机会。

打棒球如此，现实生活同样如此。只要我们能够确定自己的取舍是合理的，就不要太在乎别人怎么说。

为了让自己学会“取舍自如”，我们还可以采取以下方法。

1. 学会独立思考

有很多人都有“随大溜”的习惯，这也被心理学家称为“从众效应”

或“羊群效应”，是说个体容易受到群体的影响，会尽量让自己的观点、行为与社会大众保持一致。

我们应当改变这种盲从的做法，如果发现自己的意见与大众意见不一致，应当先从客观的角度进行分析和判断。假如能够确定社会大众支持的是公理和事实，我们就要积极地跟随，切勿固执己见、盲目自信；但要是能够确定自己的取舍是合理的，我们也要勇敢地坚持自己的想法。

2. 敢于质疑权威

世间存在许多所谓的权威，我们不能无条件地信任他们，却忘记了真理的存在。我们要让自己认识到，权威的意见也并不一定都是对的。人类的发展历史从某种程度来看，就是后来者不断质疑权威的历史。所以即便是权威提出的意见，我们也要有怀疑和质疑的勇气。

此外，在生活中，如果我们遇到了群体决策或是群体商议的情况，也要积极地从多个角度分析问题，再大胆地发出不一样的声音，这会让自主思维不断增强，使我们变得有主见、有理性，也能够让我们在取舍时更加自信。

3. 在取舍时学会“向内看”

我们还应当多考虑自己的内在需求，避免将希望全部寄托在他人身上。因为他人最多只能提供一些有帮助的建议，却不用承受取舍的结果，所以他们在考虑问题时可能并不全面、深入，给出的意见也不一定是百分百正确的，我们只能将其作为取舍时的参考。

不仅如此，如果我们依赖他人做出取舍，结果却达不到自己的期望，就会很自然地将责任推给他人，并会产生强烈的抱怨心理，这样也会影响人际关系的和谐。所以我们一定要改变这样的做法，要坦然面对外部意见，建立起稳定的、不会被轻易影响的“内部决策系统”，这样才能真正做到“取舍自如”。

取舍有度：避免贪得无厌，追求适度平衡

“美酒饮教微醉后，好花看到半开时”，这句富有哲理的话语来自宋代邵雍的《安乐窝中吟》，其内涵与“取舍”之道有着紧密的联系。

美酒虽好，但不能过量饮用，否则会让人失去理智，还会损伤身体，只有“微醉”才是恰到好处的状态；同样，赏花也有最佳时机，最好选择花半开时，此时的花朵带着初绽的美好，给人以无限的惊喜，若等到花朵全开，反而会少了很多朦胧的韵味。

也就是说，不管是饮酒还是赏花，我们都要注意“过犹不及”的道理。在进行取舍时，我们要学会把握尺度，不可贪得无厌，而是要在欲望和满足之间找到最好的平衡。

汉朝开国元勋陈婴就是一个“取舍有度”的人。陈婴本是秦末东阳县(今江苏淮安盱眙县马坝镇东阳村)的一名文吏，他品德高尚、诚实守信，在县中颇有威望。

在东阳百姓聚众反秦时，大家一致认为陈婴有资格做首领。陈婴却说自己没有能力，恐怕会辜负大家的信任。但众人坚持推举他，陈婴在无奈之下，只能勉强接受了。

当时，县里愿意追随陈婴的有两万多人，大家都希望他能立刻称王，可他心里很清楚，自己并不擅长领兵作战，也没有什么管理才能，更没有野心称王称霸。

正在这时，陈婴的母亲语重心长地说："你们陈家祖上从来没有出过贵人，如今你突然获得了众人的拥戴，我总觉得不是什么好事。不如你去找一个有本事做头领的人，诚心地做他的下属，以后可以见机行事。"

母亲的话说中了陈婴的心思，他欣然同意，然后告诉部众，自己确实不打算称王，但可以为大家寻找一位"明主"。随后，他领着这批人马去投奔项梁，得到了项梁的接纳，后来还被封为上柱国。

事实证明，陈婴的取舍是非常正确的，他坚决不称王，所以不会成为各方势力的众矢之的。而且他懂得低调行事，才平安度过那段动荡的岁月。

在项羽死后，陈婴选择归附汉朝，立下了不少功劳，被刘邦封为堂邑侯，虽然封地不大，但陈婴却觉得很满足。后来刘邦诛杀了不少功臣，陈婴却没有成为打击的对象，得以安享晚年。而陈婴的后代多次与皇室联姻，几代之后，发展成了显赫的大家族。

陈婴对权力和地位有着清醒的认识，知道在时局动荡、形势未明的时候，应该主动舍弃什么，又应该选择什么。他心中没有贪欲，才能做到取舍有度——舍去的是虚名和权柄，选择的是更为安全、稳妥的道路，最终实现了个人和家族的平安与昌盛。

我们在需要取舍的时候，也要牢记"取舍有度""见好就收"的原则，并要注意做到以下几点。

1. 学会控制自己的欲望

只有善于控制自己的欲望，我们才不会让自己成为欲望的奴隶。为此，我们要认识欲望的本质，意识到它可能会对我们造成怎样的负面影响，从而能够有意识地防范欲望的过度膨胀。

"公仪休拒鱼"就能体现这一点。公仪休是春秋时期鲁国的宰相，他很喜欢吃鱼。很多人因此送鱼给他，但公仪休却一一拒绝了。他的弟子感到很不理解，问他为什么不肯收下自己喜欢的鱼，公仪休回答："如果我收了他人的鱼，就得按他们的意愿办事。若是办好事倒罢了，怕的是他们要违法乱纪，我还不敢处罚他，这样只会让我丢了相位，到了那个时候，再也没人会给我送鱼，我自己也买不起鱼了。”从这可以看出，公仪休能够很好地控制自己的欲望，不贪图小利，因此能够坚守原则，保持清正廉洁。

我们应当学习这种精神，在生活中还可以不断进行自我训练，以强化意志力，这能帮我们很好地束缚欲望，使我们在取舍时能够做出正确的决策。

2. 舍得放下不属于自己的“利益”

常言道：“人为财死，鸟为食亡。”这提醒了我们，不要为了一点利益就忽略可能存在的风险。

将这句话应用在取舍的情境中，就要求我们不能只关注可能获得的利益，而是要分析自己在取得利益的同时还要舍弃什么。像陈婴就很清楚，自己在获得权力和地位的同时，也会舍弃稳定、安全的生活，权衡之下，他宁愿不称王，放下不属于自己的“利益”，这恰恰是对自己最好的保全。

3. 做人做事都要留些余地

所谓“物极必反”，任何事做到极致之后，难免会出现形势逆转的情况，所以深谙取舍之道的人会选择急流勇退、见好就收，这样也能给自己留些回旋的余地，会让以后的路越走越宽。

《道德经》中也有“持而盈之，不如其已”的说法，就是说，持有的东西达到了满盈的状态时，不如适可而止。这并不是消极的做法，而是头脑清醒、善于自律的表现。我们不妨把这句格言放在心中，提醒自己做人做事留些余地，这样才能活出洒脱自在的模样。

学会“断舍离”，人生也需要做减法

相信你一定听说过“断舍离”这个词语，它是由日本作家山下英子提出的概念，本意是鼓励人们断绝不需要的东西、舍弃多余的废物、脱离对物品的执念。

可事实上，不仅物质需要“断舍离”，我们的人生也需要经常整理和“做减法”，这样才更容易认清自己的真实需求，从而把注意力放在对自己真正重要的事物上。

东晋时的名士王恭就是一个善于“断舍离”的人。《晋书·王恭传》中记载了他的许多事迹，其中“身无长物”的故事尤为著名。

有一次，王恭从会稽（今浙江绍兴）返回京城，同族王忱去看望他。一走进王恭的居所，王忱一眼就看上了王恭所坐的竹席。只见那竹席六尺见方，纹饰精美，王忱颇有些爱不释手，便对王恭说：“你这张竹席真不错，要是有一样的，不妨给我一张。”

王恭当时没有多说什么，等王忱走后，他站起身，把那张竹席卷起来，让人送去王忱家。可这样一来，王恭自己便没有了多余的竹席，平时只能坐在草垫子上。

后来，王忱得知此事，感到非常吃惊，对王恭说：“你不是从盛产竹席的会稽回来吗？我以为你会带回来很多竹席，才问你讨要。要是知道你只有一张竹席，我怎么好意思开口呢？”王恭却淡然一笑：“您还是不了解我啊，我这个人从来都不追求多余的东西，人家都说我是身无长物呢。”

在这个故事中，王恭把自己唯一的竹席毫不犹豫地送给对方，符合“断舍离”的精神：他不会盲目追求物质，也能克服自己内心的欲望；他愿意放弃自己现有的舒适和便利，以满足他人的需求。这种舍弃并不是出于无奈，而是源自一种超然物外的境界，这让他能够以一种更加自由和轻松的心态去面对生活。

对于现代人来说，“断舍离”依然具有深刻的启示意义。它告诉我们，内心的自由比物质的富足要重要得多，通过“断舍离”，剔除掉过多的物品、过于琐碎的事务、过于杂乱的思维后，我们才能集中注意力，关注那些更加重要的事情，也可以摆脱纷扰、对抗焦虑、战胜疲惫，从而能够长久保持身心的“轻盈”，有助于收获人生的幸福和快乐。

现代人想要做好“断舍离”，不妨从以下三个方面去尝试。

1. 定位自己真正需要的东西

“断舍离”首先要求我们不能给人生“做加法”。比如，在生活上，我们可以问问自己，那些奢华的服装、烦琐的装饰品、功能多样的小家具等真的是自己必需的吗？而在工作中，我们也可以看看，办公桌上的物品是不是都是不能舍弃的……也就是说，从生活和工作的“入口”处，我们就要学会正确地取舍，只选择真正重要的物品，做真正重要的事情，对于不重要的一切则要拿出勇气去“断绝”。

2. 舍弃多余的东西

“断舍离”的第二层意思是“做减法”。也就是把多余的物品、多余的思维、多余的人际关系坚决舍去。不过有很多人在这个环节会遇到困难，因为他们总是有太多的担忧，觉得做了“减法”后，如果“今后”要用到这些东西就会产生很多不便，但事实却是，即使到了“将来”，原本就多余无用的东西也不会产生实际的价值。

因此,“断舍离”一定要坚定，只要能够确定某些东西是不重要的，不会对自己造成明显的影响，就可以毫不犹豫地清除干净。

3. 别忘记思维“断舍离”

不仅物品需要“断舍离”，思维、意识等无形的东西也需要经常进行这样的“大扫除”。比如，有的人常常被过去的失败经历所困扰，不管怎么进行自我调节，就是不能摆脱失败的阴影。做事的时候也会不由自主地想起失败的经历，导致思维受到干扰，情绪也非常焦虑。

对于这样的情况，就需要立即进行思维“断舍离”——我们要学会接受过去的经历，要把成功或失败都看成个人成长的一部分，但不要让它们定义自己的未来。同时，我们还要学会了解自己、欣赏自己，以保持愉悦的心情。

通过这些具体的方法，我们可以逐步学会“断舍离”，这是一种生活的艺术，也是一种人生的智慧，值得我们去尝试。

第五章

顺与逆的变通：顺境不惰，逆境不馁

顺逆交织，是人生的常态

“顺境”与“逆境”，虽然只有一字之差，含义却天差地别。有人认为逆境比顺境更能磨炼人，顺境只会让人安于现状，贪图享乐。可事实上，不管是顺境还是逆境，都是人生中不可缺少的一部分。

顺境能让我们享受生活的美好和成功的喜悦，逆境则能锻炼我们的毅力和勇气，所以我们不必从狭隘的角度去判断孰优孰劣，而是要以积极的心态坦然迎接不同的人生境遇。

唐代大诗人李白就是用这样的态度对待生活的，不管遇到顺境还是逆境，他都表现得自信从容、乐观豁达。

李白在很小的时候就表现出了文学天赋，对诗歌的兴趣尤为浓厚。童年和少年期可以说是李白人生中的“顺境”，他曾到各地游学，还与当地名人、侠客、道士等结交。他曾身骑骏马，腰佩宝剑，颇有些年少轻狂的味道。

然而好景不长，20岁以后的李白逐渐品尝到了失意的滋味。他曾给渝州刺史李邕、荆州都督府长史韩朝宗等写过“求职信”，希望得到他们的举荐，却都遭到了拒绝。他还去长安、洛阳寻找机会，却也是一无所获。步入人生逆境的李白并没有变得消沉，仍然继续坚持诗歌创作，同时静静等待着机会。

终于，李白接到了朝廷的诏令，他兴奋不已，在诗中写道：“仰天大笑出门去，我辈岂是蓬蒿人。”从此时起，他进入了人生新的“顺境”。在那些日子里，他多次陪伴在唐玄宗身边，挥洒妙笔写下了一首首精彩的诗歌。他那非凡的才华、高雅的风度更是得到了天下人的称赞。

可是，唐玄宗对李白的宠信引起了小人的忌妒，他们经常施展诡计陷害李白。李白自己也不愿意只做个“御用文人”，有时候会有一些不顺从的表现。杜甫就在诗中描绘过他的样子：“天子呼来不上船，自称臣是酒中仙。”这样的表现难免会触怒唐玄宗，最终，唐玄宗赐给李白一笔钱，让他回家去了。

尽管受到这样的打击，李白也没有沉溺于悲观失望的情绪中，而是努力寻找着希望，一句“长风破浪会有时，直挂云帆济沧海”，彰显出他宽广的胸襟和豪迈的气概，而“安能摧眉折腰事权贵，使我不得开心颜”，更体现了他对权贵们的不屑一顾。

从那以后，李白四处漂泊，虽然生活越来越艰难，甚至因卷入“李璘案”而被流放，但身处逆境中的他并没有对命运屈服，哪怕是在最艰难的时候，他都保持着对诗歌的热爱和对生活的热情，书写了一首首不朽的诗篇……

李白的人生经历告诉我们，“顺逆交织”是人生的常态，而他对待顺境和逆境的方式是值得我们学习的。

在顺境中，李白能够保持清醒的认知，不会为了追求名利抛却自己的本心；而在逆境中，他也能够坚守自己的信念，不悲观、不绝望、不沉沦。从他的诗歌中，我们就能感受到，他有着非常强大而又坚韧的心灵，让他能够勇敢地面对一切挑战和困难。

无独有偶，西汉历史学家司马迁也有过战胜逆境、浴火重生的经历。司马迁自小便受到深厚的家学熏陶，积累了丰富的学识和见闻。20岁时，他游历天下，增长见闻，为日后撰写《史记》奠定了基础。

回到京城后，司马迁走上了仕途。后来继承父亲的遗志，编著史书。

可是在公元前99年，司马迁的人生出现了重大变故。那一年，“飞将军”李广的孙子李陵在浚稽山被匈奴人围攻，在矢尽援绝后不得不选择投降。汉武帝震怒，让群臣声讨李陵的罪过，司马迁却出言为李陵辩护，触怒了汉武帝，被认定为“诬罔之罪”，按律当斩。

在面临生死抉择时，司马迁选择了接受宫刑，以换取存活的机会。对于圣人贤士来说，宫刑是极大的耻辱。司马迁不仅承受了身体上的痛苦，还要遭受来自他人的讥讽，这让他的精神世界遭受了巨大的打击。

在逆境中，司马迁没有选择放弃，而是从古代圣贤的遭遇中汲取力量。他想到周文王被囚禁时还在推演《周易》；孔子被困于陈蔡时，还在编著《春秋》；屈原被放逐时，还能写下《离骚》……这些先贤在逆境中奋发有为的精神成为他坚持下去的动力。

在那以后，司马迁放下个人的屈辱，把全部的精力投入《史记》的创作中。公元前91年，司马迁终于完成了《史记》的创作，全书有130篇，共526500余字。

《史记》是我国历史上第一部纪传体通史，对后世产生了深远的影响，被鲁迅先生誉为“史家之绝唱，无韵之离骚”。

司马迁的伟大之处，不仅在于他创作了一部具有划时代意义的史书，更在于他在逆境中坚持不懈、勇于抗争，为后世树立了光辉的榜样。他想要告诉我们：无论遇到多大的困难和挑战，只要信念不动摇、决心不消退，就一定能够战胜逆境、实现自己的人生价值。

事实上，每个人的生活都不会是一帆风顺的，顺境和逆境如同潮起潮落，不断地塑造着我们的人生。我们应当学会接受这样的现实，并能够以李白为榜样，从顺境和逆境中不断汲取力量，实现自我的成长与超越。

为了更好地接受顺境与逆境，我们需要注意以下几个方面。

1. 保持平常心

不管我们正处于何种境遇，都应基于现实设定合理的期望，否则期望越高，失望就会越大；但期望也不能过低，否则容易出现动力不足的问题，导致无法持续或有效地进行自我提升。

另外，我们还有必要学一些情绪管理的技巧，如自我对话、转移注意力或向他人倾诉等，这些技巧都能起到调节情绪的作用，可以让我们在身处顺境或逆境时保持情绪平和、思维理性。

2. 学会积累资源

在顺境中，我们可以详细列出自己所拥有的资源（如时间、金钱、人脉、学识、技能等），并制订好详细的计划，对这些资源进行合理的分配和利用。

比如，我们可以用这些资源参加一些培训课程、阅读一些专业书籍，以不断积累知识和技能；我们也可以主动与同行、前辈等进行交流，以建立积极的人际关系。这些在顺境中积累的“资源”，都会在逆境中成为宝贵的财富。

3. 建立成长型思维模式

“成长型思维”是美国斯坦福大学教授卡罗尔·德韦克提出的，是一种不断变化的、积极的思维模式；与之相对的则是拒绝进步、消极的“固定型思维”。

成长型思维告诉我们，逆境可以成为成长的机会，因此，在遇到逆境时，我们不要有害怕或逃避的消极心态，而是要勇敢地迎接，并要为新的成长做好准备。

美国心理学家马克斯威尔·马尔兹说过：“想象你自己对困难做出的反应，不是逃避或绕开它们，而是面对它们，同它们打交道，以一种进取的和明智的方式同它们斗争。”这就是应对逆境和困难的最佳心态，也是成长型思维的一种体现。像这样去对待逆境，会让我们变得积极起来，愿意不断改变自己，向更好的方向发展。

另外，我们还可以给自己设定一些富有挑战性的目标，以激发自己的潜能，提升自己应对逆境的能力。

此外，我们还要时刻提醒自己，在顺境中要保持谦逊、低调，在逆境中则要保持乐观、坚韧，这样才能推动自己不断向前发展。

珍惜顺境，别让它轻易从指尖溜走

顺境，顾名思义，是指一个人的生活、工作等方面都处于比较顺遂的状态。在顺境中，我们更容易感受生活的美好，体验成功的喜悦。

然而，正如《围炉夜话》所言：“人虽无艰难之时，却不可忘艰难之境；世虽有侥幸之事，断不可存侥幸之心。”我们不应忘记人生还有艰难的时候，也不该总是抱着侥幸心理，认为顺境会持续存在下去。对于顺境，正确的态度是“学会珍惜”，别让它轻易地从指尖悄悄溜走。

北宋文学家、官员晏殊便是“珍惜顺境”的典范。晏殊在年幼时就展现出了非凡的才华，他7岁时就能写文章，被人们称为“神童”。

14岁时，晏殊已经声名远扬，还得到了官员的推荐，能够和进士们一起参加殿试。别看他年纪轻轻，却表现得不慌不忙。他写下了一篇精彩的文章，让宋真宗对他赞不绝口。

身处顺境的晏殊并没有变得飘飘然，相反，他越发踏实、稳重，从不投机取巧。在参加复试时，他发现题目是自己已经练习过的，就诚实地报告给宋真宗，希望能够重新给自己出题，重新考试。宋真宗不禁龙颜大悦，不但对他大加赏赐，还让他担任了官职。

此后晏殊得到了宋真宗的重用，官职一升再升，但他并没有骄傲自满，反而更加珍惜自己所处的顺境，更加努力地对待工作。据说，宋真宗想向晏殊询问政事，就把问题随手写在一张小纸片上。晏殊把自己的想法和建议认真、详细地写下来，和那张小纸片一起封好，呈交上去，这种谨慎的态度让宋真宗十分欣赏。

晏殊先后担任过多个重要官职，好友众多，门生遍布天下，可谓一生顺遂，但他却从没停止前进的脚步。他深知成功不能只靠天赋，想要达到更高的层次，就要付出更多的努力。所以他在工作之余，一直在努力学习，尽可能汲取各方面的知识，提升自己的素养。

特别是在文学方面，晏殊吸收了前人优秀的创作元素，结合自己的创新，形成了独特的诗、文、词风格。他的作品数量众多，其中有很多诗词是质量上乘的佳作，在文学史上占有重要的地位。

晏殊在顺境中成才的故事告诉我们：一个人只有学会珍惜顺境，不断充实和提升自己，才能达到新的高度。晏殊正是这样做的，他在顺境中永不停步，加速成长，最终成为出色的政治家和文学巨匠。

哲学家培根说过："顺境时的美德是节制，逆境时的美德是坚韧。"的确，当我们处于顺风顺水、没有困难或挫折的状态时，很容易出现过度放纵或过度骄傲的问题。此时就要以晏殊为榜样，要学会"节制"，也就是要控制自己的欲望，收束自己的情绪，不能因成功而骄傲自满，也不能因环境优越而自我放纵。

为了确保个人的持续成长和进步，在顺境中，我们应当注意做到以下几点。

1. 学会正确地"归因"

在顺境中，人们常常会进行错误的"归因"，即把一切成功的取得都归结于自身能力，导致对自己有过高的评价，从而变得骄傲自满。这种心态会让我们忽视潜在的风险，使我们因为缺乏足够的准备而走向失败。

因此，我们要学会正确地"归因"，即理性分析顺境产生的真正原因，如大环境利于个人发展，或是获得了他人的支持和帮助，等等。与此同时，我们要客观地审视自我，对自己的优势和劣势要有清醒的认知，这样有助于避免因盲目自信而轻率行事。

2. 把握顺境所带来的机遇

顺境可能会为我们带来许多机遇，如更好的工作机会、更丰富的人脉资源、更理想的上升渠道等。这些机遇对于个人的成长十分重要，我们要学会敏锐地捕捉这些机遇。

不过我们也要认识到，机遇的背后常常伴随着风险和挑战，所以我们还要有一些勇气和决心，才能抓住这些机遇，提升自己的价值。

3. 避免沉溺于享乐中

在顺境中，我们可能会滋生盲目乐观情绪，并出现斗志消磨、懒散怠惰的问题，从而很容易沉迷于各种享乐之中，如过度消费、纵情声色等。这会让我们失去前进的动力和目标，甚至会逐渐走向堕落。

为此，在顺境中，我们要时刻牢记自己的目标和理想，保持对未来美好愿景的追求，并要有意识地严格要求自己，这样才不会被享乐生活轻易迷惑。

除此以外，我们还有必要学会“感恩”。因为顺境并不是凭空而来的，我们可能已经得到了来自亲人、朋友、同事、老师、领导及陌生人的支持和帮助，才能享有如今的顺心顺意。所以，我们应当向这些人表示感恩，并要用切实的行动去回报他们，这不仅会让我们拥有更好的人际关系，还会让内心变得更加充实和快乐。

居安思危，不要被顺境冲昏了头脑

身处顺境中，我们容易产生“一切都会称心如意”的错觉，进而会放松警惕，忽视随时都可能出现的危机。

然而，变通思维要求我们注意这样的事实：安逸顺遂的环境不可能持续存在，一旦外界环境发生了变化，危机悄然袭来，我们却没有做好充分的准备，就可能被危机轻易打垮。

就像《左传》说的那样：“居安思危，思则有备，有备无患。”即使身处顺境，也应想到危机出现的可能，要做好应对突发情况的思想准备。

春秋时期，郑国出兵进犯宋国，引起了其他诸侯国的不满。郑国无力抵挡各国联军的讨伐，只得向诸侯国中实力最强的晋国求和。晋国居中斡旋，让郑国得以保全，被俘的郑国士兵也被释放回国。

为了表达感谢之意，郑国向晋国赠送了大量礼物，包括战车、武器、各种乐器以及乐师、美女等。晋国国君非常高兴，决定将一半乐队赐给有功的大臣魏绛，还亲切地对他说：“多年以来，你提醒我和戎狄等外族和睦相处，又多次成功主持诸侯会盟，我们君臣之间的相处是多么和谐，就好像这乐曲一样，没有一点杂音。所以我决定和你一起分享郑国送来的乐器。”

没想到魏绛却拒绝了这些馈赠，他谦虚地表示，功劳属于国君和大家，他个人所做的很有限，不该接受这么贵重的礼物。

接下来，魏绛用诚恳的语气对国君说："虽然您听了可能会生气，但我还是想多说一句。您在享受眼下的安逸生活时，也得考虑到长远的未来，谁也不知道今后会发生什么，所以我们得提前做好准备，使国家安定，人民安居乐业，那么即使危机真的来了，我们也能从容应对。"

晋国国君听了魏绛的话后，非常感动，不但接受了他的意见，还坚持把礼物赏赐给他。没过多久，秦国开始攻打晋国，由于晋国军队内部存在分歧，战术又出现失误，导致战争失利。到了这个时候，晋国国君才意识到魏绛所说的"居安思危"有多么重要，从此对魏绛更加信任了。

在和平安逸的时候，晋国国君有些麻痹大意、盲目乐观。然而，正如故事中所展示的那样，秦国或其他国家随时都有可能发动攻击，会对晋国造成严重的威胁。

由此可见，环境越是安逸、平稳，我们就越是要提高警惕，正如《周易》所言："安而不忘危，存而不忘亡，治而不忘乱。"我们要学会做最坏的打算，然后未雨绸缪，做好防范的准备，这种变通式的思维方式对个人的成长和发展是十分重要的。

1. "居安思危"能够提升"风险感知"

我们对客观风险的认识，包括风险发生的概率有多大、可能在什么时候发生、会造成什么样的危害等，统称为"风险感知"，也可以叫"风险知觉"。由于每个人的经历、文化程度、情绪状态等各不相同，导致对风险的感知也会有所差异，但要是多一些"居安思危"的变通思维，我们就能够比较准确地预估风险，并能够采取一些预先防范的措施。

2. 居安思危能够强化心理韧性

心理韧性，也常被称为心理弹性、回复力等，指的是面对严重的挫折、危机，个体仍然有较好的适应能力，并且能够较快地恢复正常状态。心理韧性是一种非常宝贵的能力，而善于"居安思危"能够强化这种能力，因为我们相当于给自己的心理加上了一层“保护层”，即使危机真的来临，也不会惊慌失措，不知如何应对，更不会产生强烈的焦虑、沮丧等负面情绪。

3. 居安思危能够提升自我监控能力

居安思危还能让我们不由自主地加强对自我的“监控”，比如我们会进行自我审视，发现行为模式和思维方式上存在的问题；再如我们会与他人进行横向比较，发现自己身上存在的不足，之后就可以进行自我调整，让自己变得更加强大、优秀。

此外，居安思危还能改变我们看待危机的态度，我们不会再恐惧危机和失败，而是会将其当成学习和成长的途径，从而不断反思自己过去的行为，总结经验和教训，让自己能够不断获得新的进步。

保持冷静，身处逆境要沉得住气

在逆境中，我们应当学会保持冷静，要沉得住气，稳得住心，才能顺利地摆脱不利局面。

《道德经》中说："重为轻根，静为躁君。"这也是在提醒我们保持冷静的重要性。在逆境中，我们很容易产生焦虑、恐惧等负面情绪，并会变得躁动不安，而这很容易让我们做出错误的决策。此时只有保持冷静，才能控制好自己的情绪，也才能够清晰地分析当下的形势，制定出有效的应对策略。

提到在逆境中"沉得住气"的人，我们一定会想到战国时的田单。田单是齐国的远房宗室，做了一个管理市场的小官，谁也没有想到，他竟会成为挽救齐国命运的关键人物。

公元前284年，名将乐毅率领五国联军攻打齐国，一口气攻下了七十多座城池，仅剩下即墨（今山东青岛平度）和莒（今山东莒县）两座孤城。

田单逃到了即墨，在守将被杀害、群龙无首的危急时刻，他挺身而出，成为即墨的守将，率领民众坚守城池，誓死抵抗联军的进攻。

田单面对强大的敌人，没有鲁莽地选择"硬碰硬"，而是保持冷静，对当时的形势进行了深入的分析，然后谋划了一系列巧妙的计策：他听说燕惠王对乐毅有猜忌之心，就派间谍去燕国散布谣言，进一步离间他们君臣之间的关系。结果"离间计"奏效了，燕惠王用其他将领代替了乐毅，而乐毅手下的士兵对此很不满，由此导致军心涣散，战斗力大大下降。

此时田单又巧妙制造假象，让城中老弱病残和妇女在城头守城，却把精锐部队都藏了起来，还派使者到敌军中假意请降，让敌军更加麻痹大意。

终于，田单认为时机已经成熟，就从城中收集了上千头牛，在牛角上绑上匕首，牛尾巴上绑上灌满油脂的芦苇。入夜后，他让士兵点燃芦苇，牛群受惊后，疯狂地冲向敌军营地，田单让精锐部队紧随其后，打得敌军抱头鼠窜。这就是历史上有名的“火牛阵”，也是田单的得意之作。

从那以后，形势开始扭转，田单乘胜追击，所过之处，那些曾被联军占领的齐国城池纷纷归附，让田单的兵力日益壮大。在一系列战斗后，田单成功收复了被联军攻下的七十多座城池，还把躲在莒城的齐襄王接回了国都……

田单困守即墨数年，却能够始终保持冷静，最终在逆境中力挽狂澜，成功地挽救了国家和人民的命运。他的英雄事迹令人敬佩不已，而他这种稳定的心理素质更值得我们学习。

在面对逆境时，我们可以把田单当成榜样，一方面要沉住气，强化自己的心理素质；另一方面要积极探索，找到走出逆境的有效方法。

为了让自己能够保持冷静，我们还可以借鉴一些实用的心理调节方法。

1. 深呼吸调节法

身处逆境时，如果自我感觉情绪不稳定，压力很大，不妨试试深呼吸调节法。相比平时的自然呼吸，深呼吸能够让我们吸入更多的氧气、呼出更多的体内废气，可以提升机体供氧效率，能够弥补压力状态下过度消耗的氧气，因而会让身体感觉更加放松；与此同时，疲倦的大脑在获得更多的氧气供给后，功能也会有所恢复，所以我们在深呼吸后会发现觉知能力有所提升，表现为注意力比之前更加集中，思维也比之前更加清晰。

在自我调节时，我们可以先放松全身，保持自然的呼吸，然后用鼻子深吸气，接下来屏息1秒，再用口深呼气。之后再屏息1秒，开始新一轮的吸气。

在整个练习过程中，我们要注意保持深长而缓慢的呼吸频率，一呼一吸时间为10~15秒，但不要过于刻意，以免引发头晕。

2. 冥想调节法

冥想也是逆境中常用的心理调节方法之一，不但能够放松身心、减少不良情绪，还能提高专注力。在练习时可以找一个安静的环境，比如我们可以在自己的卧室里练习冥想，在开始前需要关掉电子设备，以免中途受到干扰；另外，我们可以播放一些自己喜欢的、旋律柔和的轻音乐，但要注意将音量调低一些，以营造出温馨、优雅、适合冥想的氛围。

至于冥想的姿势则没有严格规定，我们可以选择自己觉得舒适的坐姿、卧姿、站姿等。一般大家比较常用的是坐姿冥想。我们可以盘腿或端坐，让身体放松，但注意不能东倒西歪，同时可以闭上双眼，保持均匀的腹式呼吸，之后就可以开始冥想了。最初可能很难进入状态，此时可以试试跟随自己的呼吸，等到内心逐渐平静下来，就可以将注意力从呼吸转移到身体，尝试用意识进行"身体扫描"，也就是将注意力想象成一道光束，从脚趾开始逐渐向上扫描，经过脚踝、小腿、膝盖、大腿、臀部、腹部、胸部……让身体的每一个部位逐渐放松，最后将注意力集中到整个躯体上，使自己能够达到一种深层次的内在平静。

3. 写日记调节法

很多人都有写日记的习惯，其实这也是自我表达和释放情绪的好办法，很适合用于逆境中的心理调节。

在日记中，我们应当诚实地记录自己的感受，不管是正面的还是负面的，都应当记录在内；接下来，我们可以在日记中反思逆境背后的原因，探索可能的解决方案。我们还可以定期回顾这些日记，有助于更好地理解自己的情绪波动和反应模式。

此外，我们还要注意，乐观的态度和积极的思维方式可以帮助我们更好地应对逆境。因此，我们要多用积极的语言表达自己的感受和期望，这也有助于减少负面情绪的影响，使我们能够保持冷静和耐心，有效地管理自己的情绪和行为，更好地应对生活中的挑战。

逆境中的自我调整与提升

或许我们并没有意识到，逆境可以成为个人成长的“催化剂”。古今中外的杰出人物对逆境都有自己独特的认识，像德国哲学家尼采就说过：“那些打不倒我的，终将使我变得更加强大！”可见，在他眼中，逆境非但不可怕，还能激发他的斗志，让他变成坚强的“斗士”。

《孟子·告子下》则写道：“故天将降大任于是人也，必先苦其心志，劳其筋骨，饿其体肤，空乏其身，行拂乱其所为，所以动心忍性，曾益其所不能。”这是对逆境重要性最好的说明——它能锤炼我们的意志力，增加我们不具备的能力，让我们变得更加坚韧。

下面，就让我们看看明代政治家张居正是如何对待逆境的吧。

张居正从小就很聪明，10岁便熟读经书，在当地小有名气。12岁时，他便考中秀才，还得到了主考官的大力夸赞。第二年，张居正准备参加乡试，当时的湖广巡抚顾东桥十分欣赏他的才华。

然而，顾东桥读到了张居正写的一首诗，只觉得诗中那句“凤毛丛劲节，直上尽头竿”虽然充满气势，但却有一些锋芒毕露的味道。顾东桥不免有些担心，怕张居正会骄傲自满，影响日后的发展。于是顾东桥打算给张居正一些磨炼，让他晚几年中举。

对于这样的结果，张居正最初是很不服气的，但他慢慢理解了顾东桥的苦心，决定把眼前的逆境当成自我成长的机会。从那以后，他更加努力地读书求学，不让自己的才华白白荒废。终于，他在16岁时再次参加乡试，顺利考中举人。之后他还特地去拜见了顾东桥，向他表示了谢意。

这些经历对张居正的一生影响深远，日后他在身处逆境的时候，也会积极地进行自我调整和自我提升。有段时间，他官场失意，告病还乡。在艰难的岁月里，他没有放弃政治理想，每天刻苦攻读典籍，研究历代的制度，思考如何振兴国家，为人民造福。

3年后，张居正回到朝堂，展现出了非同寻常的智谋和才干，逐渐得到了重用，后来更成为内阁首辅，掌握国家大权。在他的主持下，一场轰轰烈烈的变法革新运动拉开了序幕，这就是历史上有名的"张居正改革"。

从表面上看，顾东桥似乎是在故意为难张居正，可事实上，顾东桥是想让习惯了顺境的张居正品尝一下逆境和挫折的滋味，这样他才会懂得反思，懂得沉淀自我，并能够锻造出良好的心性。日后张居正能够成长为改革家，顾东桥功不可没。

从这个例子，我们也能发现逆境的"价值"。逆境能迫使我们走出安稳的"舒适区"，直接面对挑战，从而激发内在无穷的潜力；逆境也能强化自我认知，推动自我完善，有利于个人的成长和进步；逆境还能塑造个人坚韧不拔的品质，让一个人变得更有毅力、决心和勇气。

国外曾有专家对500多名成功的企业家进行过调查，其中约80%的人认为自己最大的成功来自克服逆境的经历，这更让我们看到了逆境的意义。

那么，在逆境中，我们如何做好自我调整与提升呢？

1. 规划好逆境成长的路径

身处逆境中，我们也要有明确的目标、清晰的计划，这可以指引我们前行的方向。在设定目标时，我们应当遵循“SMART”原则，即目标要满足具体、可衡量、可达成、相关性、时限性的要求。

例如，我们可以设定这样的目标：“在接下来的半年内，我要将自己的英语水平提高一个等级，达到流利进行商务英语沟通的水平。”这个目标就是明确而具体的，也有可衡量的指标和完成的时限，因而更易于达成。当然，如果我们感觉某个目标难度较大，也可以把它拆分成若干个小步骤，每完成一步都是向成功迈进的证明。

2. 培养解决问题的能力

在逆境中，我们还要重点培养解决问题的能力，这不仅包括思考常规的解决方案，还包括拓展思维，即在看似无解的情况下努力寻找新的可能性。

为了锻炼这种能力，我们在遇到难题时，就不能急于动手，而是要给自己留足思考和探索的时间，让思维向尽可能多的方向不断延伸。

为了拓展思维，我们还可以尝试一些专门的思维工具，如六顶思考帽、5W1H 、6W3H、SWOT等，都能够增强思考的深度和广度，为解决问题提供更多的路径。以5W1H为例，我们要弄清楚以下几个问题。

（1）What（什么）：我们可以这样问自己：“我真正要解决的问题是什么？”“这个问题的影响是什么？”这可以让我们始终明确思考的对象是什么，因而就不会出现天马行空、毫无目的的胡思乱想。

（2）Why（为什么）：我们要想清楚事情的原因，比如“为什么会出现这样的结果？”“为什么必须按照这种办法行事？”在第一次问“为什么”的时候，我们可能只能获得表面的原因，可要是连续不停地追问下去，每次都多问自己几个“为什么”，我们的思维就能逐渐触及更深的层次，有助于寻获最终的根本原因。

（3）When（何时）：为了弄清楚时间和程序等因素，我们可以问自己："这件事是什么时候发生的？""这个步骤能不能放到那个步骤之后去完成？"探讨这类问题可以理顺我们的思维，还可以帮助我们找出最可能出现问题的时间点，能够让我们更加顺利地开展各项工作。

（4）Where（何地）：为了弄清楚地点、位置等因素，我们可以问自己："这件事情要在哪里进行？""能不能变更一个新的地点？""纰漏可能出现在哪里？"从这类问题入手，我们的注意力就可以聚焦于更加关键的地方，能够减少盲目思考造成的时间和精力的浪费。

（5）Who（谁）：为了定位某事件的责任人，我们可以问自己："这件事情会涉及哪些人？""主要负责人是谁？""换一个人主持这项工作是否可行？"像这样多问几个问题，就能够帮助我们明确职责，使我们可以更快地梳理任务、做好分配，也会让我们的思维变得更加清晰。

（6）How（怎么样）：为了想出切实可行的解决方案，我们可以问自己："我该怎样完成这个任务？""还有更加高效的办法吗？"在进行这样步步深入的思考后，我们就会逐渐找到解决问题的答案。

在实际操作中，我们可以将这6个方面分别列出，然后就可以将它们作为自己思维的起点，尝试提出问题、给出答案，然后再用答案引发新的思考，产生新的问题，如此循环深入，思维就会变得更加清晰。

3. 建立支持系统

在逆境中，我们不必总是一个人"孤军作战"，不妨试试建立自己的"支持系统"，从中获得情感支持、信息支持和一些实际的帮助。

这种"支持系统"其实就是由特定的人组成的支持网络，家人、朋友、同事、师长或专业人士等都可以成为网络中的一个环节。像家人能够为我们提供情感上的慰藉和物质上的支持，朋友可以为我们提供一些有价值的建议，同事或师长可以在专业领域给予及时的指导……必要的时候，我们还可以求助专业人士，如心理咨询师等，以获得专业的心理支持，以战胜逆境中出现的各种心理问题。

遵循这些具体的方法和建议，我们可以在逆境中找到成长的机会——那些困扰我们的挫折和挑战将会转化为前进的动力，让我们成长为更加坚韧和成熟的人。

克服害怕成功的“约拿情结”

在“战胜逆境，提升自我”的过程中，有一种情况应当引起我们的重视，那就是在面对即将到来的成功时，我们会突然感觉很不自信，并会产生惶恐不安的心理，甚至会不由自主地躲开那些自己本可以做得十分出色的事情，也不愿再继续发掘自己的潜能。

心理学家称这种现象为“约拿情结”。“约拿情结”的提出者是美国社会心理学家马斯洛。马斯洛还讲过这样的例子：他在大学里，跟一些大学生聊天，随口问他们“你是不是想写出美国最好的小说”“你是不是想要成为最优秀的领导者”。那些学生有的表现得很害羞、很不安，有的直接避而不答，让马斯洛非常失望。

这其实就是“约拿情结”在作怪，一方面，它会让人变得自卑、胆怯，不敢追求成功，害怕过于称心如意的顺境；另一方面，它又会让人变得容易忌妒，每次看到别人顺心顺意，取得了不少成就，自己的内心就会逐渐失衡。

由此也能看出，“约拿情结”会严重限制我们的自我发展，它会让我们“画地为牢”，不敢追求人生的顺境；也会让我们变得越来越狭隘，不懂得欣赏别人的优点和成功。

想要克服这种有害的“约拿情结”，我们需要做到以下几点。

1. 发现自己身上的“约拿情结”

很多人可能并没有意识到“约拿情结”的存在，所以我们必须清楚地了解自己的内心，看看有没有出现害怕成功的情况，这就是“约拿情结”的一种表现。

另外，在荣誉面前，如果我们总是有一种自惭形秽的感觉，认为“我不配接受这样的成功”“我担当不起这样的赞誉”，也要考虑到自己是不是受到了“约拿情节”的影响。此时我们应当大胆承认“约拿情结”的存在，并要克服恐惧心理，鼓起勇气，坚定信心，相信自己。

2. 解决“自我设限”的问题

在顺境中，我们要特别注意“约拿情结”引起的“自我设限”问题。比如，我们会害怕失去现有的成就，也会对不确定的未来充满担忧，这些心理会让我们在无意识中给自己“设限”——我们不愿意接受那些有难度、有挑战性的任务，导致错失了成长的机会。

为此，我们需要进行积极的自我调整，以突破“限制”，实现自我超越。比如，我们可以定期进行自我评估，以客观地认识自己的优点，发现自己的不足；我们还要保持开放的态度，不拒绝了解新知识，学习新技能；我们也可以主动尝试一些新鲜的事物，就算结果不如意，也要把它们看成学习和成长的机会。

3. 识别恐惧背后的本源问题

“约拿情结”会让人对“变得成功”产生恐惧，这种恐惧并不是没有原因的，我们要注意向内探索，以挖掘恐惧的根源。

比如，我们对即将到来的晋升产生了恐惧，其实最关键的问题并不是晋升本身，而是晋升后可能会出现一些自己无力掌控的情况。像工作量会增加、任务难度会提升，使得自己身上的压力骤增，也难以掌控好时间，无法平衡工作和家庭的关系；另外，晋升还会让自己在人际关系中扮演的角色发生变化，在和原来的上司、同事相处时会觉得十分尴尬……但我们不能因此就放弃晋升的机会，而是应当做好应对难关的心理准备，再采用一些调整工作节奏和人际关系的方法，使问题得到解决，恐惧也会烟消云散。

此外，我们还要庆祝每一个“小胜利”，不管是完成了一项工作任务、学会了一种新技能，还是克服了一个小难题，我们都要真心地祝贺自己，还可以给自己安排一些适当的“奖励”。这不仅能让我们享受到成就感，还能激励我们继续前进，追求更大的成功。

第六章

繁与简的变通：繁简相宜，平衡之道

繁简有度：避免过度复杂或过于简单

“繁”和“简”是一对耐人寻味的矛盾体。繁有烦琐、复杂之意，简可以理解为简单、简要。

在认识这对矛盾体的时候，我们应当注意“繁简有度”，也就是说，既要避免过度复杂，又要避免过于简单。

过度复杂，会让我们陷入一团乱麻之中，难免会迷失方向；而过于简单，又会让我们错失关键因素，或是认识不够具体、深刻。因此，按照变通思维的原则，我们必须在复杂与简单之间找到一种智慧的平衡。

在名著《红楼梦》中，探春这个角色因为有胆有识、才华出众，给人留下了深刻的印象。她在处理家族事务时，就能够很好地把握简单与复杂之间微妙的平衡。

有一次，王熙凤因生病不能料理家事，众多的琐事都落在了探春、李纨和宝钗的身上。一些仆役看探春是个年轻女孩，觉得她好欺负，就起了蒙蔽她的心思。可探春早就看穿了他们的伎俩，其实她对大观园中的各种人事弊病一清二楚，知道园中贪污问题十分严重，可要是细细查来，时间和人手都不够，弄不好还要被里面复杂的利益关系搞得焦头烂额、心力交瘁。

于是探春做了个大胆的决定，她删繁就简，把各种冗余的杂费全部砍掉，让复杂的问题一下子变得简单多了。像贾环、贾兰等少爷每个月本来就有月例钱，却又要支取买点心、纸笔的家学费用，探春便把这项费用抹去了。同样，大观园里的小姐们每人每月也有二两银子的月例钱，却又要多支取一笔脂粉钱，属于重复支出，自然也被探春取消了。

之后，探春又想到了一个好办法，就是让园中的老妈妈每人承包一处园子，不收她们的租钱，只让她们把园子打理好，年底再上交一些钱粮。这个办法满足了各方利益，得到了大家的欢迎。但探春没有把这件事看得过于简单，她针对其中的具体安排细细琢磨，比如要挑选诚实能干的人，还要发挥她们各自所长，并要定下细致的规定，以免在施行时出现不必要的纠纷……也正是因为探春考虑周全，做事精益求精，才让众人对她心服口服，再也不敢小看她了！

探春在“简单”与“复杂”之间表现得游刃有余：对于复杂难办的问题，她大刀阔斧，剔除细枝末节，反而产生了良好的效果；对看似简单的问题，她又没有草率处理，而是深入分析，一点点打磨细节，最终圆满地解决了问题。

探春之所以能够做到这一点，是因为她能够识别问题的核心要素，并能够准确地做出决策——是应该“删繁就简”还是应该“注重细节”。

我们在处理问题时，也应当学习探春的做法，做到繁简有度、恰到好处。而这需要我们注意以下这几点。

1. 对过度复杂的问题要进行简化处理

我们首先要弄清楚“过度复杂”的原因，比如接受了过多的信息，导致无从下手，或是对细节过分追求，导致程序烦琐，等等，再如为了规避所有潜在的风险，而进行了过度的分析，导致简单的问题被复杂化。这些原因不仅会延长决策的时间，影响办事效率，还会造成压力和焦虑情绪的增加。

为此，我们要针对上面提到的原因进行相应的处理。比如对信息过多的问题，可以简化信息源，对信息进行甄别，等等；再如对“过度分析”的问题，则要注意保持开放的心态，让自己能够接受各种可能的后果，也就不会因为害怕风险而对问题做复杂化的处理了。

2. 认识并预防“过度简化”的风险

过度简化，常常是由于对问题缺乏全面、深入的了解，或是为了快速应对压力而匆忙决策。这样做虽然可以更快地得到解决方案，但却是以牺牲准确性和全面性为代价的，很容易导致决策失误。并且决策过程过于草率，也难以适应未来可能出现的变化。

因此，对于看似简单的事情，我们要深入挖掘其底层逻辑和关联因素，这样在决策时才不会丢失核心要素和重要细节。

3. 把握简单与复杂之间的平衡

要想避免“过度复杂”，我们可以引入“奥卡姆剃刀定律”，这条定律主张在两个或多个类似的解决方案中选择最简单的。在实际应用时，我们应该剔除那些不必要的复杂性，专注于最核心的因素。

要想避免“过于简单”，我们可以引入系统思维，全面地考虑问题——我们要认识到问题的各个组成部分是如何相互依赖、相互影响的，还要从长远的角度思考决策的长期后果。这能帮我们获得更加全面、可靠的结论。

将上述这两种方法相结合，我们就可以在复杂与简单之间找到恰当的平衡点。这种平衡不仅能够提高解决问题的效率，还能帮助我们实现更高层次的成长和发展。

化繁为简：简化流程，提高工作效率

身处职场，我们经常会面临各种琐碎、繁杂的事务，让我们无法集中精力去做真正重要的事情，由此导致效率低下、错误频出等多种问题。这时候我们就需要变通思维、化繁为简，将自己从琐事中抽离出来，抓住本质问题和重要事务，用最简单的方法去解决它们。

世界知名咨询公司麦肯锡顾问大岛祥誉深入研究了工作中的“化繁为简”，归纳出了一种效率很高的“笔记思考法”。

这种方法只需要3个笔记本和1支笔就能实现：第一本是横线笔记本，主要用于现场调研时收集信息，由于每页都印好了固定的横线，使用者会不自觉地收束思路，不会做出草率的判断。第二本是方格笔记本，每页都印有整齐的小方格，便于使用者写下想法、绘制图形，方便整理思路，进行深度分析。第三本是麦肯锡笔记本，主要用来输出成果。这种笔记本每页上方有标题框，其下是用于画图表的框格，还有一些方框，可以标明出处，此外不存在任何多余的要素，这样就能让成果更加清晰、更有重点。

借助这3个笔记本，麦肯锡的员工可以将解决问题划分为几个步骤：①使用横线笔记本来收集和记录信息，并对信息进行分类整理；②使用方格笔记本来分析其中的核心问题，并找到解决问题的逻辑主线；③如果解决问题的方案经验证是可行的，就可以使用麦肯锡笔记本输出成果。通过这样的方式，员工们不但可以避免陷入海量信息中，还可以节省时间、简化流程，提高工作效率。

“笔记思考法”凸显了“化繁为简”的魅力。通过化繁为简，我们可以找到工作任务中的关键点和难点，从而有针对性地制订解决方案；我们还可以优化工作流程设计，减少不必要的环节和步骤，从而大大降低了工作的复杂性和烦琐性。

在实际应用时，我们可以灵活借鉴这种“笔记思考法”，也可以启动变通思维，引入其他能够“化繁为简”的好办法。

1. 核心任务法

意大利经济学家帕累托提出过一条“二八定律”，能够改变我们对事务重要性的认识。根据这条定律，我们会发现，在任何一组事物中，重要部分的比例只有约20%；而次要或不重要的部分却有约80%。

因此，在工作、学习和生活中，当我们被琐事缠身时，不妨先定下心来，找一找20%的重要任务，把宝贵的时间和精力都放在上面，尽全力优先完成。至于剩下80%的任务，则可以推迟到时间充足的时候再去做。如果实在挤不出时间，我们还可以放弃其中一些不重要的任务，这样也不会影响整体绩效。

2. 四象限法

我们还可以用“四象限法”给手头的工作任务做个排序：首先，我们可以在纸上画一个坐标系，其中的横轴代表事务的“紧急程度”，纵轴代表事务的“重要程度”，然后我们要把各种任务按照紧急性、重要性分别填入4个象限中。

接下来，我们就会看到，位于第一象限的是“重要且紧急”的任务，必须优先处理；第二、三象限的任务相对不紧急和不重要，可以暂缓处理；第四象限的任务可以直接忽略或是交给他人代办。这种方法蕴含了“化繁为简”的精髓，能够让事情“越做越少”，效率越来越高。

3. 拆分迭代法

对于十分复杂或持续时间长的任务，我们可以将其拆分成多个子任务或多个阶段，然后逐一解决各子任务或各阶段中出现的关键性问题。

举个例子，对于一个软件开发项目，我们就可以把它拆分成若干个迭代周期，在每个周期里完成一部分功能并进行测试。这样做的好处是能够降低项目的风险性和不确定性，并能提高项目的交付质量。

以上几种“化繁为简”的方法可以有机结合、相互补充。通过“化繁为简”，复杂的问题将变成容易处理的问题，烦琐的工作流程将得到简化，出错和延误风险将大大降低，工作效率能够得到不断提高。

简化思维：忽略多余的细节，专注于问题的关键

很多人在遇到比较复杂的问题时，常常会陷入思维的误区。比如，他们会过多地关注一些多余的细节，使思考的过程变得混乱无序，结果浪费了大量的时间，却厘不清思路。

在这个时候，我们最应当做的就是“简化思维”，这其实也是一种变通式的思考方式，就是在思考的过程中，直接忽略那些无关紧要的细节，把注意力都集中在问题的核心和关键上。

赵武灵王的“胡服骑射”改革，就是一次成功的“简化思维”实践。根据史书的记载，战国时，赵武灵王刚刚即位，就面临着严峻的内外形势——既有匈奴、林胡等北方游牧民族不断滋扰，又有中山国如鲠在喉，国内的政治、经济形势也不容乐观。

那么，赵武灵王怎样才能在短时间内找到一条有效的改革之路呢？他并没有过多考虑细枝末节，而是注意到了这样一个关键点——胡人在服装、作战方式上具有一定的优越性。

那时候，胡人的骑兵穿着简洁利落的窄袖短袄，作战时骑着飞驰的骏马，使用着轻便的弓箭，军队具有很强的机动灵活性。用赵武灵王的话来说，那就是“来如飞鸟，去如绝弦”，可见其军队反应之快捷、作战之迅速。反观赵国的军队，将士们还穿着笨重的铠甲，队伍也以战车和步兵为主，已经不适合当时的战争形势。

因此，赵武灵王提出了“胡服骑射”的改革主张，要求全国上下改穿便于行动的胡服，学习骑马射箭。这一改革方案可谓简单到了极点，但却直指问题的关键——从服饰入手，提升赵国军事力量。当然，赵武灵王也想以服饰改革为入口，倒逼国内的守旧势力放弃过时的制度，打破发展的桎梏。

在改革初期，赵武灵王遇到了重重阻力。贵族、大臣们强烈反对“胡服骑射”，还说赵武灵王是“变古之教，易古之道，逆人之心”。但赵武灵王没有向他们屈服，他坚定地推行改革，成功建成了以骑兵为主体的军队，大大提升了赵军的战斗力。与此同时，改革也解放了国民思想，还促进了民族之间的交流与融合，有助于实现“富国强兵”。

没过多久，重新武装起来的赵国就打败了中山国，又收服了几个游牧民族，一跃成为实力超群的强国。

在改革之前，摆在赵武灵王面前的是一个地道的“烂摊子”，让人有无从下手的感觉。可赵武灵王善于变通思维，他不去考虑过多的细枝末节，而是“简化思维”，直击问题的关键，进而找到了最简单也是最快捷有效的解决方案——胡服骑射，这种思考问题的方法值得我们借鉴。

在实际工作和生活中，我们想要“简化思维”，不妨按照如下流程去进行。

1. 明确目标

在处理复杂的问题时，我们一定不能马上开始思考或分析过程，因为那很容易把思维引入歧途。正确的做法是先进行目标分析，明确自己要解决的到底是什么样的问题，并要认准自己最终想要的结果是什么，然后就可以把注意力集中在与目标直接相关的信息上。

2. 筛选信息

我们还要学会区分重要信息和次要信息，并且关注那些对解决问题有直接帮助的关键细节。这一步对于简化思维来说是非常重要的，因为它可以帮我们节省时间，减少工作量，还能直接影响最终的思维成果。

3. 提炼关键点

对信息进行筛选后，我们还要进一步提炼出最重要的几个点，并可以使用思维导图等工具来整理和记录这些关键点，让整个思考过程变得清晰明了。

4. 分析关键点

接下来，我们可以对每一个关键点展开分析，此时需要注意，一定不能陷入无休止的细节分析中，而是要学会在适当的时候停止挖掘，转而从更宏观的视角进行分析。

5. 练习简洁表达

完成分析的步骤后，我们可以试着用简短、清晰的语言描述自己的想法或解决方案，这不仅有助于简化思维，还能提高沟通效率。

值得强调的是，“简化思维”与“简单思维”虽然只相差一个字，却是截然不同的。后者是一种不动脑筋、只图省力和方便的低级思维方法，无法产生有效的解决方案。简化思维则完全不同，它可以引领我们走出思维的迷障，有助于提升思维的效率，并能够更好地指导行动。学会简化思维后，我们在处理各项事务时会更加得心应手，更容易达到事半功倍的效果。

简化信息：穿越繁杂，洞察本质

在如今这个“信息爆炸”的时代，人们获取信息的渠道更多，方式更加快捷、方便，但由此也会产生“信息过量”的问题：过多的信息疯狂地涌入脑海，超过了大脑正常接受、处理信息的能力，不但会干扰思路，还会造成心理压力。

不仅如此，庞杂的信息中还充斥着大量的垃圾信息、错误信息，它们会对我们造成误导，让我们做出错误的判断，因此我们必须学会简化信息。

沃伦·巴菲特是当代有名的投资者，他“简化信息”的能力一直为人称道。他曾经明确提出，投资者不要被过多的信息和复杂的理论所困扰。他在面对海量的投资信息时，就不会被收入、利润等常规指标所影响，因为他会先用一条标准来进行筛选，那就是“只做看得懂的生意”。依靠这条原则，他能过滤掉90%的公司信息！

接下来，巴菲特会使用第二条标准——“不做很容易的生意”，他曾说：“如果生意很容易，就会招来竞争对手。所以我更喜欢有‘护城河’的生意。”就这样，他又能过滤掉一部分公司信息。

在下一个阶段，巴菲特会从剩余的信息中抽丝剥茧，探寻那些最能揭示企业真实面貌的信息，如毛利率、净资产收益率、现金流等，它们能够反映出企业真实的运营效率和赢利能力，所以会成为他关注的重点。

靠着高超的简化信息的能力，巴菲特成功地进行了一次又一次的投资。众多业内人士对他佩服、称赞不已，高盛首席执行官称他为“简化大师”，还说“经他观察，事情会变简单，不会更复杂”。

相信巴菲特简化信息的例子会给我们带来不少启示。如今，因信息过量而造成的思考力、判断力下降的问题十分常见，过量的信息会让我们有窒息的感觉，也会干扰正常的决策。杂乱的信息还会造成专注力的极大浪费，让我们无法对工作和学业倾注足够的注意力。

那么，该如何穿越信息的洪流，像巴菲特一样逐步揭开事物的本质呢？我们需要采取以下这些简化信息的措施。

1. 对信息进行分类

我们从外界获得的信息是零散无序的，需要先进行分类，并将它们串联起来以便纳入自己的知识体系。为此，我们可以从信息本身的价值出发，将其分为以下这几个类别。

（1）高价值且具有实用性的信息。与工作息息相关的具体的方法、技巧或思维方式等都属于此类，这类信息比较难得，一旦遇到就要将它们保存下来，并用心掌握、熟练应用，以便提升自己的工作技能。

（2）高价值但不成体系的零碎信息。这类信息的特点是比较零散，需要进行组织、分析后才能对我们产生帮助。我们可以先把它们记下来，在时间充裕的时候进行整理和分析，再与自己已经掌握的知识和技能相结合。

（3）中等价值但比较系统的信息。在互联网上查找某个问题的答案时，我们经常会遇到这种信息，它们可能没有切中关键词，但本身经过了他人的整理，显得非常系统翔实。对于这样的信息，我们也不要直接忽略，不妨记录一下找到它们的路径（收藏一下链接，或记录一下页码），方便日后查找调用。

（4）低价值的零散信息。这样的信息在我们身边是最多的，几乎占据每天获取信息量的70%以上。像一些八卦新闻、热点动态、小道消息等都可以归入此类。对于这类信息，我们最好减少关注，千万不要让自己的脑海被这类信息占据，导致无法专心思考其他事情。

2. 精选优质的信息源

做好信息的分类工作后，我们就会知道哪些信息是必须被简化的。接下来，我们可以挑选自己接收信息的信息源了，那些不断传播低价值信息的源头是应当马上被删除的，比如一些一直推送真假莫辨的消息或内容低俗消息的公众号，就应该立即取消订阅。

在处理完低质量信息源后，我们可以为自己挑选并收藏一些优质的信息源，如内容真实可靠的新闻网站，与自己的工作息息相关的一些技术类网站，等等，以确保自己能够获得更多有价值的信息。

3. 采用分级阅读的方式

即便已经进行了信息分类和筛选的工作，我们在阅读信息的时候也不能掉以轻心，切勿不管什么文章都一丝不苟地从头读到尾，而是应当优先阅读其中重要的信息，其他则可看可不看，以免浪费时间和精力。

英国学者于尔根·沃尔夫提出了一种可以在最短时间内获取更多信息的“浏览法”，就是在阅读信息的时候先大致扫视一遍，找到对自己最有帮助的信息，然后“一头扎进去”，把它研究透彻，至于其他的信息则不必付出这么多心思，只要在脑海中有个大致的印象就足够了。

除了上述几点外，我们还要弄清楚一个事实：获取信息的目的是运用，所以不要把自己的精力和时间全部倾注于获取信息这件事上，而是要花更多的时间去思考和行动，这样才能让信息产生真正的价值。

简单生活：把注意力集中在真正重要的东西上

除了工作、思维、信息的简化以外，我们还要学会“简化生活”。这种生活方式能够让我们摆脱对物质的过度追求，还能减少不必要的消费，使我们有更多的时间和精力关注个人成长、家庭幸福等更重要的东西。

科学家爱因斯坦在《我的世界观》中诚恳地说道：“我相信，简单淳朴的生活，无论在身体上还是在精神上，对每个人都是有益的。”的确，学会简单生活，我们会更容易实现情绪的平和与精神的满足。

爱因斯坦一生追求“简单生活”，讨厌繁文缛节。他不愿参加无聊的社交活动，宁可和志同道合的朋友一起讨论科学问题。

爱因斯坦也不喜欢奢华的物质享受。他在荷兰莱顿大学执教时，校方询问他对宿舍有什么要求，他表示只要有一张床、一个写字台、一把椅子就够了。校方觉得他的要求过于简单，他又不好意思地加上了一把小提琴，还说要是有牛奶、饼干、水果就更好了，其他什么都不需要，如此简单淳朴的生活要求让很多人都深受感动。

还有一次，爱因斯坦应邀前往布鲁塞尔，当时有皇家车队在火车站迎接他，可是司机一直等到头等车厢的乘客走完了，也没有看到爱因斯坦的身影。原来，他主动选择了普通车厢，车到站后，他悄悄跟在乘客们后面，溜出了车站。司机好不容易找到了他，要送他到王宫入住，他却怎么都不肯答应，非得住进简朴的小旅馆，让大家无计可施。

爱因斯坦平时的穿着也能彰显出他对“简单”的追求，他总是穿着一件灰色的毛衣，配上一条宽松的裤子、一双式样简单的鞋子。什么名牌、时尚、潮流等名词，都和他毫不沾边。因为在他看来，衣服只有保暖和遮羞的作用，没有必要花费太多心思和金钱在上面。他平时去研究所等地方，也是以步行为主，哪怕他的经济条件已经非常宽裕，也不肯买一辆汽车代步。

有人曾经问爱因斯坦为什么要让自己过得这么简单、朴素，爱因斯坦的回答是：“唯有简单的生活，才能给我创造的原动力！”

“简单”让爱因斯坦能够忽略外物，把注意力全部集中在科学研究上，有助于提升创造力；“简单”让他不必应付“无效社交”，因而能够有更多的时间和精力钻研新的课题。可以说，正是“简单”让他的生活变得纯粹，也让他在科学上取得了巨大的成就，为我们树立了一个值得学习的榜样。

在实践中，我们可以从以下几个方面实现“简单生活”。

1. 简化物质生活

简单生活并不是要求我们必须刻意节俭，甚至完全禁止物欲，真正的简单生活是对物质有适度的追求，但不会给生活造成压力。

比如，我们可以提倡理性消费，减少冲动购物和不必要的花费，这也能为个人和家庭减少经济负担和资源浪费。再如，我们可以提倡简化饮食，平时自己动手烹饪健康、简单的食物，减少外出就餐或外卖点餐，这对保持身体健康也是很有利的。

2. 丰富精神生活

简单生活并不局限于物质层面，还有精神层面的要求，也就是要追求内心的充实、富足，从而提升自己的生活质量。

为此，我们可以培养良好的阅读习惯和主动学习的习惯，用知识充实自己的心灵，打开人生格局；我们还可以参与艺术活动，或试着进行绘画、摄影、写作、音乐等个人创作，这会让我们的情感更加丰富，创造力更加丰沛。

3. 精简社交关系

简单生活也包括对人际关系的“精简”，特别是要注意减少没有意义的“无效社交”，并可以精简社交圈子，以此提升社交的“质量”。

在精简社交的同时，我们也要注意维护重要的人际关系，比如要多关心身边的家人和朋友，花一些精力去维护这些亲密关系，因为它们是不可替代的宝贵财富；此外，我们也可以学习爱因斯坦的做法——多和志同道合的人深入交流，分享经验和智慧。

我们可以在生活中尝试这些实践方法，让简单生活帮我们去除多余的“负担”，使我们能够享受轻松、自由的生活。

简而不陋：在简单中追求丰富与深度

不管是在生活中“追求简单”，还是在工作中“化繁为简”，我们都要注意把握“简而不陋”的原则。

这里的“简”指的是简约、简洁，意味着去除多余的元素，保留最本质的核心要素，从而达到清晰、明了的效果；然而，“简单”并不意味着“简陋”，因为“简单”是一种经过深思熟虑后做出的有意义的选择，不是为了追求省事儿、方便而刻意“简化”。

我们可以从“毕加索画牛”的故事来理解“简而不陋”的真正内涵。毕加索是西班牙画家、雕塑家，他对画牛情有独钟，一生中曾创作过多幅与牛有关的作品，包括《斗牛士》《公牛》等。

1945年年底，毕加索开始创作《公牛》。在第一稿中，他用写实的手法描绘了一头膘肥体壮的公牛，细节非常具体。画作完成后，毕加索仔细端详起来，却觉得不够满意，于是在第一稿的基础上更加突出了公牛健硕的特点，让这头牛看起来威风凛凛。

可几天后，他有了一个新的想法，决定在第三稿中改变对公牛形象的具体刻画，只着重表现牛的皮肤纹理、肌肉、骨骼等；在第四稿中，他做了进一步的简化，让公牛的样子变得“抽象”了起来；到了第五稿，他逐渐找到了感觉，开始对公牛的身体进行部分弱化，只留下一些基本要素和清晰的轮廓……

就这样，毕加索一连画了11稿，最后呈现在人们面前的《公牛》只有最基本的线条和形状，可每个人都说毕加索抓住了公牛身上最重要的东西……

毕加索的艺术创作充分体现了“简而不陋”的精神。他用11幅画稿，将牛的形象从具象变为抽象、从复杂变为极简。在这个过程中，毕加索没有随意地省略细节，而是经过反复琢磨和对比，一步一步提炼要点，最终成功捕捉到了牛的本质特征，让其神韵得到了更加鲜明的表达。

事实上，“简而不陋”并不是艺术家的专利，在各个领域，它都是人们追求的目标。建筑大师路德维希·密斯·凡德罗就提出过“少即是多”的理念，也就是强调精简，但又不能“简单得像白纸一样，让人觉得空洞无物”，这和“简而不陋”的精髓有异曲同工之妙。

而在哲学领域，“简而不陋”的理念也得到了大师们的推崇，哲学家黑格尔就这样说道：“最伟大的真理最简单；同样，最简单的人也最伟大。”这里的“简单”就是剥离复杂和不必要的元素后留下的东西，它能够更好地揭示事物的本质。

对于普通人来说，想要实现思维的跃迁、能力的升级，也应将“简而不陋”的追求贯穿于工作和生活中。

我们不妨按照以下这些步骤来实现“简而不陋”。

1. 识别核心价值

在进行简化之前，我们一定要明确事物的核心价值是什么。这需要我们像毕加索一样深入观察、思考，并进行反复比较，才能准确识别出哪些因素是真正重要的，哪些因素是可以舍弃的。

2. 进行逐步简化

为了达到“简而不陋”的要求，我们还可以将“简化”分为若干个阶段，逐步推进。像毕加索就用11幅画稿分阶段完成了简化公牛的任务。我们也可以参考他的做法，先进行一次小范围的简化，再对简化后的效果进行客观的评价，如果效果不如预期，我们就要找出问题出在哪里，再想一想应当如何改进。

3. 注重“简化”的质量

在对“简化效果”进行评价的时候，我们要重点判断事物的本质和核心是否得到了很好的保留。就像毕加索的《公牛》，虽然进行了极简处理，但并没有改变牛的本质特征，所以这种简化是合理的。但要是不能体现本质，则说明简化的方向出现了问题，应当立即进行调整，才不会让简化失去应有的深度和价值。

最后要提醒的是，简化不是简单的“删除”，所以我们必须进行创造性的思考，要从不同的角度寻找更好的简化方法，不断探索新的可能性。像毕加索在创作11幅画时，就有过多次创造性思考：是突出某个特点，还是弱化某些元素。我们应当以此为榜样，尝试变通思维，创新思考，从而实现更有效的简化。

第七章

快与慢的变通：快是效率，慢是圆融

快与慢：人生的两种速度

“快”与“慢”是人生的两种速度，我们不能单纯评价它们的好与坏，因为它们都既有积极的一面，又有消极的一面。

提到“快”，我们会想到“快人一步”，那种敏锐和果敢能让我们迅速抓住机遇，实现个人价值的飞跃；快也常用于“快刀斩乱麻”中，能让我们灵活调整策略，避免做事拖泥带水、不够爽快；快还有一种“快马加鞭”的急迫感，催促着我们快速学习新知识、新技能，不要在激烈的竞争中惨遭淘汰。然而，我们也要想到，一味追求“快”，也会让人误入歧途，像快速决策可能造成草率行事，快速消费容易让人陷入物欲的深渊，失去对精神生活的追求。

我们再来解读“慢”。“慢”常和“慢工出细活”联系在一起，代表着做事足够专注、有耐心，因而能够提升质量；慢也有一种“不紧不慢”的从容感，让我们有时间停下脚步，聆听内心的声音，感受生活的美好。但过度的“慢”可能导致拖延和懒散等问题，会让我们在面对挑战时缺乏行动力，还有可能失去宝贵的机遇，阻碍个人与社会的进步。

由此可见，对待“快”与“慢”不能简单化、绝对化，而是要立足实际，在两者之间找到平衡，做到“快慢有度”。

明代医药学家李时珍的人生就能够很好地说明“快慢有度”的内涵。

李时珍出身医学世家，从小耳濡目染，对医药产生了浓厚的兴趣。可是他的父亲不想让他学医，而是想让他读“圣贤书”，将来可以考取功名、光宗耀祖。

李时珍没有让父亲失望，他学知识特别快，不但熟读四书五经，还写得一手好文章，14岁便中了秀才，但之后他去应考却屡屡落榜，这让他产生了放弃科举，转而行医的想法。

尽管李时珍走了一段“冤枉路”，花费了不少时间，但他有信心把时间追赶回来。在那些年里，他飞快地学习医学知识，研究前人的成果，还把学到的知识合理利用，让自己的医术不断提升。

在30岁时，李时珍已经成了当地的名医，受到了人们的信任和敬重。后来，他进入太医院任职，有机会接触名贵、稀罕的药物。他很珍惜这个机会，每天争分夺秒地观察、研究，积累了大量的药物知识。

离开太医院后，李时珍回到民间，全心全意投入治病救人的工作中。可他发现，过去很多药学书籍都存在不少错漏，会对医者、病人造成误导。因此，他决定暂时放下四处诊病的工作，先集中精力编写《本草纲目》，以填补药物学的空白。

从那以后，李时珍游历各地，广泛收集各种药物标本和珍贵的处方。每到一处，他都要亲自上山采药，观察其特征，记录其药性和疗效。他还四处拜访各行各业的专家，汲取第一手的知识和经验，形成了上千万字的札记，为《本草纲目》的编纂提供了丰富的素材。

之后，李时珍参考历代医学书籍，结合自己的实地考察和临床经验，对药物进行了细致的分类，并对每一种药物做了系统、翔实的描述，并绘制了一千多幅清晰的图像。这样人们不但能够认清各种药物，还能了解每种药物的性味归经、功效、搭配原则等。

这些工作花费了李时珍整整27年的时间，可谓“慢工出细活”，但他一点都不觉得麻烦，始终以审慎的态度对待每一种药物，最终完成的《本草纲目》成为中国医药史上的里程碑，对世界医药学也做出了重大的贡献。

李时珍迅速学习医学知识，并成长为一代名医，展现了“快”的一面；而在编纂《本草纲目》时，他又展现出了“慢”的一面。这种快与慢的平衡，使他能够在医药学领域取得卓越的成就。

我们也可以学习李时珍的做法，在该快的时候抓紧时间、马不停蹄，在该慢的时候则要放慢脚步、耐心细致，如此才能快慢有度、收放自如。

在把握“快”与“慢”这两种人生速度时，以下几点是我们应当特别注意的。

1. 快不是一味蛮干

“快”不等于一味蛮干、盲目求快，这是一种急功近利的表现。越是追求快出成绩、快速回报，就越容易出现反效果。

因此，我们一定要摆脱“蛮干”作风。在快速行动之前，不但要看清道路、认准方向，还要做好充分的准备和规划，所谓“工欲善其事，必先利其器”，这样的准备环节是不能缺少的。另外，我们还要坚决纠正和防范认识上的偏差，不能为了“快”就违背正常的发展规律。

2. 慢不是拖延敷衍

很多人在做事时秉持“慢”的原则，要么行动慢吞吞的，要么就是拖延敷衍，常常导致“小事拖成大事，易事拖成难事”，这样的做法也是我们应当坚决摒弃的。

“明日复明日，明日何其多。我生待明日，万事成蹉跎。”这首《明日歌》告诫我们不能将今天的事情拖延到明天，否则只会虚度光阴而一事无成。因此，我们很有必要给自己设定一个时间限制，让自己能够产生紧迫感，不会无限期地拖延下去。

3. 立足实际，把握快与慢的尺度

儒家强调“中庸之道”，即在极端之间找到平衡。对于“快”与“慢”

的问题，我们也应遵循这一原则，不要走向任何一个极端。

在实际生活中，我们应当定期反思“快慢问题”，评估在工作或生活的哪些领域需要加快速度，哪些领域又需要放慢脚步。当然，我们还要根据具体情况调整快慢节奏，像有的时候需要快速响应，我们就不能等待拖延；有的时候需要深思熟虑，我们就不能急于求成。

像这样把握好快与慢的尺度，平衡好快与慢的节奏，我们就可以在快节奏中保持高效，在慢节奏中享受生活的美好。

高效工作：提升效率，追求卓越

“高效工作”是每个职场人都在追求的目标。无论是企业高管、职场新人，还是自由职业者，都很渴望在最短的时间内实现最大化的产出。

可是在很多时候，我们越是拼命追求高效，就越容易出现效率低下的问题。此时，我们要运用变通思维来思考，看看问题究竟出在哪里。

《三国演义》中有个“庞统办案”的故事，相信会对我们有所启发。庞统是个很有才华的人，但外貌却颇为丑陋，而且有些不拘小节。他去见刘备时，没有像其他人那样恭敬地行礼，刘备不太喜欢他，把他派到耒阳县（今湖南耒阳市），让他当了个小小的县令。

庞统到了耒阳县后，每天都在喝酒玩乐，根本不理会县里的政务。刘备听说后非常生气，但又不想冤枉庞统，便派张飞前去调查。

张飞到了耒阳县，看到庞统衣衫不整、酒气熏天，顿时火冒三丈，冲上去质问他为什么整天喝酒，不做正事。庞统却笑着问张飞：“将军，你说说我都耽误了哪些事情？”张飞生气地回答：“你到任也有一百多天了，整天吊儿郎当的，还敢说没耽误事儿？”

庞统却满不在乎地说：“将军你也太小看我了。不就是个小小的县城吗，能有多少事儿。您就坐在我旁边，看我怎么处理！”

随后，庞统叫来了小吏，让他们把积累了一百多天的卷宗都拿出来，再把涉案的老百姓也喊过来。等人都到齐后，庞统听着小吏们的报告和老百姓的供词，随手翻着卷宗，轻松而快速地做出判决，没一会儿，他就把所有的案件都处理完了，期间没有出现任何差错，老百姓都对他佩服得五体投地。

张飞这才知道庞统有这么大的本事，他连忙向庞统道歉。他回去后，立刻向刘备推荐庞统，说那是一位真正的大才。后来，刘备重用了庞统，还依靠他的计策夺取了成都。

虽说庞统高效解决堆积如山的案件有些夸张，但这确实从侧面反映了正确的办事方法对于提升效率的重要性。

我们不妨来想象一下庞统办案的情景：他肯定不会遵循程序化的烦琐流程，而是直奔主题，采用简单而有效的方法迅速厘清思路；他也不会拘泥于传统的办案方法，而是能够根据实际情况，灵活运用多种策略和手段，这不仅提高了工作效率，还显示了他高超的智慧。

我们可以将自己平时的工作模式和庞统的工作方法进行对比，相信一定能够发现效率低下的原因。

1．缺乏动力或意愿

如果工作内容对我们缺乏吸引力，或是自己没有明确的目标和期望，或是工作成果得不到及时的认可和奖励，都会降低我们的工作意愿，导致效率低下。

2．注意力被分散

如果工作环境过于嘈杂，或是经常受到他人的干扰，都会导致我们无法将注意力集中在工作任务上，也会造成效率不断下降。

另外，我们还要注意一些不良的工作习惯，如频繁查看手机、与同事聊天、一次进行多个工作任务等，都会造成注意力分散。

3．缺乏技能或经验

对于新手员工来说，由于缺乏必要的技能或经验，导致无法高效地完成工作任务。另外，如果工作内容发生了变化，而我们的技能却没有及时更新，也会导致处理新任务时效率低下。

4. 工作压力过大

经常从事高强度的工作，或是工作期限安排得过于紧迫，会给我们造成过大的心理压力，导致身心疲惫，进而会影响工作效率。

5. 流程不完善

在参加协作式的工作任务时，如果工作流程设计不合理，存在烦琐、冗余或重复的环节，导致我们在执行任务时总是要花更多的时间和精力，工作效率自然难以提升。

针对以上这些原因，我们可以采取相应的措施来提升工作效率。比如，对于工作流程不完善的问题，我们可以先分析流程中存在哪些多余的环节，再进行适当的简化。再如，对于注意力分散的问题，我们可以通过营造安静的环境、关闭手机、关闭应用通知等多种方式来减少干扰，让自己能够全神贯注地投入工作中。

高效沟通：促进信息的有效传递

沟通中的“快”对于个人和组织来说都很重要。借助高效沟通，我们可以实现信息的有效传递，这不但能够改善人际关系，还能促进问题的解决和目标的达成。

古人也很注重高效沟通。宋代的《贵耳集》中就有“言简理尽，遂成王言”的说法，意思是用简练的语言讲清完整的道理，这样的言辞才会更有分量。这种“言简理尽”的要求，表达了古人对于高效沟通的追求。

《左传》中提到了一个高效沟通的例子，会给我们带来很多启发。公元前630年，郑国遭到了晋国和秦国的联合进攻，形势危急。

郑国大臣佚之狐向国君郑文公推荐了烛之武，说这个人有办法说服秦国撤军。然而，烛之武却推辞说自己年事已高，已经做不了大事了。郑文公不好意思地说：“之前没有重用你，这是我的过错。但现在郑国就快灭亡了，你也是国家的一分子，总不能坐视不理吧！”烛之武听了这话，就答应了。

当晚，几个士兵把绳子捆在烛之武的身上，将他从城墙上放了下去，让他偷偷去见秦穆公。烛之武对秦穆公说：“如今郑国已经处于灭亡的边缘，这件事要是对你们秦国有好处，我就不来麻烦您了。可现在的情况是，贵国远离郑国，而晋国却邻近郑国，您现在出力攻打郑国，最后只会帮晋国增加势力范围，到那时候，您的实力相对就要削弱了。”

“此消彼长”的道理秦穆公还是能听懂的，他捻着胡须，陷入了沉思。烛之武看他有所动摇，连忙补充道：“您要是放弃围攻郑国，郑国就会成为您的盟友，能够接待您派出的使者，还能提供各种物资和便利，对您没有坏处。”秦穆公觉得这话有道理，不由地点了点头。

烛之武将秦穆公的表现看在眼里，决定再给他“加一把火”，于是，烛之武故意说起了以前发生过的事情：“您还记得吗？过去您曾经帮助过晋惠公，他口头上答应给您两座城池，结果呢？他马上就翻脸不认人了！这次也是同样的道理，那晋国已经在东边侵吞了郑国的边境，眼下还想往西边扩大地盘，到时候他们侵占的不都是你们秦国的土地吗？所以我请您再重新考虑一下这件事！”

秦穆公不禁长叹一声：“你说的这些话确实有道理，可叹我之前怎么没想到呢？”烛之武见自己的目的已经达到，便匆匆与秦穆公告别，转身回去了。而秦穆公立即决定撤军，还与郑国签订了盟约。晋国看到这种情况，也只好无奈地撤军了。

烛之武在与秦穆公沟通时，采用了开门见山、直奔主题的做法，而且他没有直接乞求秦穆公退兵，而是从秦国的利益出发，先说明秦国不灭郑国能够得到的好处，再巧妙地举例说明晋国国君不守承诺，不值得信任，终于成功地说服了秦穆公撤军，挽救了郑国的命运，也显示出了自己高效沟通的能力。

事实上，沟通的目的就是让对方充分接收并理解我们所要传达的信息，从而能够按照我们的想法去行动。沟通的质量越好，传递的信息越准确、全面，事情的结果就会越让我们满意。

那么，怎么才能做到高效沟通呢？以下这几点是非常重要的。

1. 要明确沟通的目标

在沟通之前，我们最先要做的是弄清楚自己想要实现的目标是什么。

比如，我们想要结识对方，建立起最初的联系；再如，我们是为了与对方磋商，以解决某个棘手的问题……目标不同，沟通的内容、方向和重点都会不一样，所以我们一定不能忽视这个环节。

2. 要把握好说话的层次

分析烛之武的话语，我们会注意到他的表达清晰明了，富有层次感，因此能让秦穆公一听就懂。我们在沟通时也要注意把握说话的层次，比如，可以参考“金字塔原理”中提到的四大基本原则——结论先行，上下对应，分类清晰，排列有序，以此来组织我们想要表达的想法和意见。

3. 要表现出对他人的尊重

为了提升沟通的效果，我们还要表现出对他人的尊重。比如，我们可以提前了解对方的性格、文化背景和沟通习惯，然后采用最适合对方的沟通方式；再如，我们要尽量使用礼貌的称呼，温和的话语，避免使用有攻击性、侮辱性的词语，语气也要尽量平和，切勿咄咄逼人。

此外，我们不能总是“自说自话”，而是要学会倾听对方，使对方有被重视、被尊重的感觉，沟通才会进行得更加顺利。

4. 适当使用非语言沟通技巧

沟通并不局限于言语的交流，我们还要注意使用身体语言来传递重要信息。比如，我们的面部表情、肢体动作、声音语调等都能传情达意，所以我们可以学一学这方面的沟通技巧，让沟通获得事半功倍的效果。以手势为例，我们用手掌、手指、手腕可以做出各种手势，输出不同的信息。比如，手掌向上，常常能够表示合作、接纳的态度；而手掌向下则是比较强势的动作，甚至带有命令的意味。所以做什么手势前都要弄清楚内在含义，切勿乱用，以免引起他人的不满。

最后，我们还要注意沟通中的反馈问题。毕竟沟通是双向性的活动，如果我们只发出信息，却不去接收他人的信息，也谈不上是高效沟通。所以我们要注意观察对方的反应，包括表情、动作、姿势等，必要时可以主动询问，以确认对方的真实感受，这样才能确保沟通的准确性和有效性。

高效学习：方法对了，才能事半功倍

从学习的角度看，“快”并不是只图速度、不求质量的粗放的学习方式，而是要在充分准备的基础上，采用合适的学习方法，并能利用好有限的时间，以达到理想的学习效果。

对于高效学习，古人有很多良好的方法，可以为我们提供一些思路。

诸葛亮是历史上著名的政治家、军事家，以智慧著称。在年轻时，诸葛亮广泛阅读各种书籍，包括天文、地理、兵法等，他的博学多才与博览群书的好习惯是分不开的。

不过，诸葛亮读书学习的方法和其他人不一样。他曾经和石广元、徐庶、孟公威等人一起拜师学习，那三人都主张学习要“务于精熟”，也就是学习要追求精通和熟练。其中徐庶是最刻苦的，他每天第一个起床，先去打扫学舍，然后会做一些预习性的工作，听讲时也表现得特别认真，一定要吃透书中的每一个细节。

诸葛亮却和他们相反，他每天采用正常的作息，从不熬夜。在读书时，他不会逐字逐句吃透，而是先“观其大略”，也就是泛读书籍，了解一本书的基本内容，再重点吸收其中的精华。

在学习上，诸葛亮不喜欢死记硬背，也不愿意一头扎进书堆里。他的学习方法很简明，也很高效，很符合他明快利落的性格。

对于诸葛亮和徐庶等人的学习方法，我们不能简单地给予评价。因为每个人的性格、兴趣、学习背景和目标各不相同，学习方法也不可能固定不变。所以我们不必生搬硬套别人的高效学习法，而是可以从自身实际情况出发，找到适合的方法，并在实践中不断调整和优化。

以下就是一些常用的高效学习法，每种都有独特的优势和适用场景，我们可以根据自己的实际情况合理选择。

1. 费曼学习法

费曼学习法的提出者是诺贝尔物理学奖获得者理查德·费曼。简单地说，这种方法是向他人传授知识，借以深化自己对知识的理解和记忆。

在具体操作时，我们可以先选择一种想要深入理解的概念，然后想象自己要向一个完全不懂这方面知识的人（比如一个小学生）讲解这个概念。在这个过程中，我们肯定会发现不少问题，这时候就可以回顾学习资料，弥补知识上的漏洞。最后，我们可以用简单、易懂的语言重新解释这个概念。如此反复进行几次后，我们就能牢牢地掌握这个概念了。

2. 番茄时间法

这种学习方法是由意大利人弗朗西斯科·西里洛创立的，所谓“番茄时间”，包括25分钟的“学习时间”和5分钟的“休息时间”。

在学习时间里，我们一定要保持专注，不能做任何与学习无关的事情，而在休息时间里，则要彻底放下学习任务，做一些能让精力和体力快速恢复的事情，如活动身体、做眼保健操、眺望远方等。

如此进行3~4个番茄时间后，我们可以休息一段较长的时间（如20分钟或半小时）。这种学习方法很适合那些在学习时容易分心的人，可以帮他们提高对时间的感知能力，还能减少拖延，提升学习效率。

3. 康奈尔笔记法

康奈尔大学的教授沃尔特·鲍克总结了一种系统性的记笔记方法，他要求我们把笔记本的页面分为几个区域。

其中，“主要区域”用于记录在课堂上收获的重点知识，“辅助区域”可以记录一些相关知识和自己的想法，“总结区域”可以总结回顾“主要区域”的信息，再提出几个新的问题。这种方法能够锻炼我们对信息的整合和分析能力，还能促进思考、加强理解和记忆。

4. 思维导图法

这种方法的核心是借助图形和关键词，展示并组织自己的思维过程。具体来看，我们可以先找到所学内容的关键词，画出思维导图的主干。

接下来，我们要回顾所学知识，整理出与关键词有关的内容，进行总结归纳，再填入思维导图中关于该知识的子项目中。按照这样的方法，我们可以画出一个个“分支”，最后便会形成一张完整的思维导图。

这样做的好处有很多，比如可以将各种知识点和想法以树状结构的方式有机地组织起来，使思维变得更有条理；再如，图像和关联的方式还能激活右脑，有助于增强想象力和创造力。

当然，高效学习的方法还有很多，但不管采用哪一种方法，我们都要注意目标明确、保持专注，并要根据不同的学习任务进行灵活的调整，这样才能确保学习效果。

提防“快的陷阱”：小心欲速则不达

在高效工作和学习的同时，我们要注意避免陷入“快的陷阱”。古语有云：“欲速则不达。”这是在提醒我们，在追求速度的同时一定不能忽略了质量和效率，否则最终的结果只会让自己大失所望。

“欲速则不达”出自《论语·子路》，据说孔子的学生子夏曾向老师请教如何治理地方。孔子就说了这样一句话：“无欲速，无见小利。欲速，则不达；见小利，则大事不成。”这就是在强调，做事不能只追求速度和眼前的小利，否则只会一事无成。

在历史上，因单纯追求速度而导致失败的例子并不少见。《韩非子》中就有这样一则故事：有一次，齐景公正兴致勃勃地在海边游览，突然，一名传令兵飞马赶来，向他报告说：“国君，大事不好了！丞相晏婴病得很重，请您立刻赶回都城！”

听到这个消息，齐景公焦急万分。他立刻站起身，命侍从备好千里马，又让技艺高超的御者韩枢给他驾车。

可就在这时，另一名传令兵也赶到了。他带来的消息更加糟糕：“国君，晏丞相的病情急剧恶化，恐怕他就要撑不住了！”齐景公大惊失色，他一把夺过韩枢手中的缰绳，亲自驾起车来。

可齐景公哪有什么驾车的经验，他只知道全力驱赶马儿，没过多久，马儿就被他累坏了，脚步越来越沉重，马车的速度越来越慢……

齐景公心急如焚，不停地鞭策着马儿，但马儿已经累得快要倒下了。齐景公实在等不及了，他索性跳下马车，撒开腿往都城的方向跑去。不一会儿，他就累得上气不接下气，瘫倒在了路边……

这个故事引起了人们的议论。有人说齐景公对速度的要求太高了，就连千里马和技艺高超的御者都无法让他满足。但也有人指出，齐景公这是“欲速则不达”——越是心急，就越达不到目的。

的确，追求速度千万不能盲目，就像齐景公一心只想尽快赶回都城看望晏婴，却没有考虑客观条件（如驾车是需要掌握一定技术的，马的速度也是有极限的）。他只凭自己的主观愿望办事，一味求“快”，结果不仅没有达到目的，反而让自己陷入了被动的境地。

现实生活中像这样的例子屡见不鲜。比如，在学习上，有的人一心追赶进度，却没有对知识进行深入理解和记忆，导致基础知识很不牢固，也没有形成完整的知识体系；在工作中，有的人只求快速完成任务，却不重视质量，导致不得不返工；在人际交往中，有的人只图快速建立关系，却没有意识到真诚和信任的重要性，导致身边“朋友”众多，可到了需要帮忙的时候，却无人愿意伸出援手……

那么，我们如何才能避免陷入这些“快的陷阱”呢？

1. 要树立正确的价值观

追求速度本来是没有错的，但我们必须深刻认识到速度、质量和效率之间的关系——只有在保证质量的前提下，速度才能发挥出真正的价值；而效率是速度与质量的完美结合。

因此，我们需要努力找到速度、质量的平衡点，让它们相互促进，共同提升效率。

2. 要学会合理规划

心理学中的“目标效应”表明，人们一旦确立了明确的目标，就会朝着这个目标不断地前进，直至实现这个目标。

我们可以利用这条效应来跳出“快的陷阱”。比如，我们可以给自己设定一个具体而明确的目标，然后花一点时间为目标做好详细的规划，让自己知道如何做才能达到这个目标。这可以让我们始终保持方向感，不会因盲目追求速度而误入歧途。

3．要保持耐心和毅力

耐心和毅力也是非常重要的因素。从心理学的角度看，耐心和毅力在个体的心理发展中起着举足轻重的作用：耐心能帮我们克服“急功近利”的心态，还能让我们冷静面对在工作和生活中遇到的挫折和困难，不至于被一时的困境所动摇。而毅力是我们实现目标的“动力源泉”，无论遇到多少艰难险阻，只要拥有足够的毅力，我们就能坚持到底。

最后，我们还应该培养“长期思维”。也就是说，我们不能只关注眼前的速度和暂时的小成果，还要考虑到长远的发展和长期的利益。“心急吃不了热豆腐”，我们必须摆脱种种“短视行为”，才能坚定地走好每一步。

品味“慢生活”：享受过程，品味人生

我们一方面要在工作、沟通、学习中追求速度、质量和效率，另一方面也要学会在生活中适当地“慢下来”，这才符合变通思维的“快慢观”。

“慢下来”可以让我们有时间关注生活的细节、品味生活的美好，从而获得内心的宁静和满足。这不仅能够缓解在高效工作、快速学习中积累的压力，还有助于提高幸福感。

东晋杰出的诗人陶渊明，是个很懂“慢生活”的人。陶渊明祖上颇为显赫，曾祖父陶侃为晋朝名将，祖父和父亲也担任过太守、县令等职，但在陶渊明8岁时，父亲就去世了，此后家境逐渐走向没落。

陶渊明自幼生活贫苦，但他一直坚持学习，也怀有定国安邦的壮志。可是，长大后的他在官场屡屡碰壁，又看不惯门阀士族把持政权的黑暗现实，心中十分痛苦。

陶渊明曾在彭泽（今江西九江彭泽县）当过八十多天的县令。当时有个督邮要来检查公务。小吏来通知陶渊明，让他到时候一定要穿戴整齐，再备上一些礼品，恭恭敬敬地去迎接督邮大人。陶渊明一听就心生厌恶，说了一句“不为五斗米折腰”，然后便潇洒离去。

陶渊明回到了庐山脚下，在几间茅屋里过上了期盼已久的“慢生活”。他每天喝酒、种田、写诗，过得十分惬意。因为不用再被官场琐事牵绊，他不再觉得憋屈、烦闷，写诗时才思泉涌，创作出了《归去来兮辞》《归

园田居》《桃花源记》等传世佳作。

他那句“采菊东篱下，悠然见南山”更是成了“慢生活”的代表，每当人们读到这句诗，就会对他那优雅、闲适的生活产生向往之情。

虽然陶渊明的故事离我们很遥远，但“慢生活”并不会失去魅力。随着时间的流逝，越来越多的人重拾慢生活，享受着“慢”带来的快乐。

1986年，意大利人卡洛·佩特里尼发起了一场“慢食运动”，倡导人们关注食物的来源、制作，尽情享用食物带来的快乐。然后从“慢吃”开始，逐步改变快节奏的生活。这场关于“慢生活”的运动吸引了很多人，涉及生活的各个领域，改变了无数人的生活方式。

现在“慢生活”的理念也没有过时，很多人都在追求更为健康、平衡和可持续的慢生活方式。比如，喜欢旅行的人爱上了“慢旅行”，在旅行中不会走马观花地快速游览，而是会放慢脚步，深入体验当地的文化和生活；喜欢阅读的人也在尝试“慢阅读”，就是要静下心来，享受深度阅读带来的美好体验。

从慢生活的主旨来看，这种生活方式并不是简单的“懒散”，而是要求我们放慢生活的脚步，追求生活的品质。它主要有以下特点。

1. 更加合理的时间表

慢生活要求人们合理地安排自己的时间，不要总是把时间表挤得满满当当的，让自己疲于奔命。

“慢生活”尤其注重闲暇时间，在这种时间里，人们可以坐下来好好品一杯香茗、读一本好书，也可以与朋友相聚畅谈，这会放慢生活的节奏，让人们能够更好地感受生活的乐趣，心态也会变得更加积极。

2. 更加关注内心的需求

在现代工作和生活中，人们总是被外界的压力和过高的期望驱赶着奔跑，却忽略了内心的真实感受。而慢生活要求我们回归内心，多倾听自己的声音，关注自己内在真实的需求，找到自己想要的到底是什么。这种关注内心的生活方式，会让我们远离喧嚣与浮躁，能够更加深入地了解自己，并能够找到生活的真谛。

3. 更加简约自然的生活方式

物质生活水平的提升，让我们沉迷于追求奢华和享乐，却忽略了简约和自然的美好。而慢生活要求我们简化生活，回归自然。

比如，我们可以选择更加简约的家居装饰、日常穿着和饮食等，这不但能够帮助我们减轻经济压力，让我们学会理性消费，还能让我们获得更多的满足感，内心也会变得更加轻松、安宁。

4. 更有深度的体验与感悟

在现代工作和生活中，我们会被各种各样的琐事所累，没有时间和精力关注生活的细节。而慢生活则要求我们放慢脚步，用心体会生活中的每一个瞬间。于是，我们能够欣赏到不一样的美景、品尝到不一样的美味、感受到不一样的情感。这种深度体验，会让我们更加珍惜和享受生活，也能拥有更加丰富的人生经历。

为了实现“慢生活”，我们需要调整好自己的心态，要有一颗“知足常乐”的心，不要过分地追求物质上的满足，而是要珍惜身边的点点滴滴。

此外，我们要有足够的耐心和信心，因为“慢生活”需要我们在日常生活中慢慢积累，才能逐步实现。

不妨做做“慢思考”：深思熟虑，明智决策

我们不仅要学会放慢生活的节奏，还要试着放慢自己的思考。对于这一点，心理学家丹尼尔·卡尼曼早就有过清晰的阐述。

在《思考，快与慢》一书中，丹尼尔把人的大脑分为“系统1”和“系统2”两套体系。快思考就是“系统1”，它不用耗费太多的脑力，只要我们调动自己的情感、经验和记忆，就能做出迅速的判断。这有点像汽车的自动驾驶系统，不需要我们主动去操控，看起来十分省力，但却容易将我们引上歧途。

与快思考相对的是“慢思考”，即系统2，它需要调动注意力、分析力、判断力等更加高级的思考能力，而且要经过复杂的思考过程才能做出决定。虽然慢思考比较耗费脑力，但不容易出错。

很显然，慢思考能帮助我们做出更加明智、更加持久的决策，这与“深谋远虑”“三思而后行”“谋定而后动”等古训有不谋而合之处。

北宋杰出的政治家范仲淹就是善于进行“慢思考”的人。宋仁宗年间，张海（北宋农民起义领袖）带领百姓起兵造反，准备袭击高邮（今江苏高邮）。高邮知军晁仲约估计城中兵力不足以抵抗，便让富户们拿出金钱、布匹、酒肉，去慰劳张海等人，避免和他们发生冲突。

消息传到了朝堂上，宋仁宗大为震怒，让官员们立即拿出对策来。大臣富弼不假思索道：“晁仲约软弱无能，臣认为应当对他进行严惩！”其他

大臣也纷纷附和。

但范仲淹没有急着开口，他在深思熟虑后，提出了自己的看法。他认为，如果高邮有足够的军队和武器，晁仲约却不做任何抵抗，那就是违背国法，应当受到严惩。但高邮目前无力抵抗，如果拿出一些财物就能让百姓不被杀害、抢掠，倒也不失为一种解决问题的办法。既然如此，朝廷就不应惩治晁仲约，否则不但不符合国法的本意，还会引起百姓的强烈不满。

宋仁宗觉得这番话很有道理，便宣布赦免晁仲约。富弼却很不高兴，对范仲淹说了一些抱怨的话。范仲淹并没有生气，他私下告诉富弼："朝廷很少轻易处死官员，这是一件好事。如果因为高邮事件就轻易改变这个传统，将来恐怕会有更多的官员遭到不公的对待，到时候我们自己都难以幸免。"

后来，范仲淹和富弼一起出巡边疆。富弼从河北回来后，到了京城门口，却被一群士兵拦住了。富弼不知道自己做错了什么，也不知道朝廷会怎么处置自己，那一夜，他辗转反侧，无法入睡，一直在担心自己的命运。此时他才明白范仲淹的苦心，不禁感叹道："范仲淹真是个圣人啊！"

这个故事告诉我们，在处理一些关系重大的问题时，我们应该像范仲淹那样，先展开深入的"慢思考"，然后才能做出慎重的决定。如果像富弼和其他大臣那样，还没思考透彻就急着下结论，很可能会做出错误的判断，并引发严重的后果。

在快节奏的现代生活中，"慢思考"的价值得到了凸显，因为它能让我们保持理性，做出正确的选择。

然而，想要做到"慢思考"并不容易，因为我们的大脑在长期的进化过程中，已经养成了"懒惰"的习惯——大脑会自动进行快速、肤浅的思考，得出一些不负责任的结论。为此，我们有必要进行一定的训练，放慢思考的速度，提升思考的深度。

以下就是训练"慢思考"要注意的一些关键点。

1. 安排“慢思考”的时间

我们可以每天留出一小段时间，专门用于“慢思考”。比如，可以在早晨起床后、晚上入睡前或是在工作和学习的间隙，用几分钟的时间，思考一个让自己感兴趣且有一定深度的问题，也可以回顾过去做过的决策，反思过去出现的错误。

2. 选择“慢思考”的环境

慢思考需要在安静、无干扰的环境中进行。因此，我们要找一个远离噪音的地方，比如图书馆、安静的公园或自己的书房等，让自己更容易专注思考。

3. 避免多任务处理

多任务处理往往会导致注意力分散，严重影响思考的质量。因此，在进行慢思考前，我们要暂停手头的任务，尽量避免一心多用。

4. 从深度阅读开始

深度阅读是训练慢思考的一种有效方式。我们可以选择一本有深度的书籍，一边进行精读一边做“慢思考”。

比如，看到书中的一个长句子后，我们可以试着挖掘语句背后的深层含义，揣摩作者的态度，领会他想表达的观点，这能帮助我们逐渐适应“慢思考”，并能够享受它带来的乐趣。

5. 主动提出“为什么”

面对自己不明白的问题时，我们不要只满足于表面的答案，而是要不断提出“为什么”，以挖掘更深层次的原因和根本的逻辑，这也是一种有效的训练“慢思考”的办法。

此外，我们还可以向他人分享自己的思考过程，再请他们进行点评。这能帮助我们发现自己思考时容易出现的盲点，并能够不断改进。

第八章

显与隐的变通：韬光养晦，有所作为

显与隐的辩证关系：显露自我与隐藏锋芒

“显”与“隐”是一对耐人寻味的反义词。“显”通常有明显、外露、易于被察觉等含义。而“隐”却正好相反，有隐藏、隐忍、不易被察觉等含义。

一个人在社会中彰显成就、崭露头角，属于“显”的范畴；而收敛锋芒、含蓄隐忍，则属于“隐”的范畴。一个真正有智慧的人，能够很好地把握这两者的分寸，既能在社会中展现自己的价值，又不会失去内心的宁静与纯粹。

周朝的开国元勋姜尚（即姜子牙）对于“显隐之道”有自己深刻的理解。姜尚家道中落，前半生历经坎坷。相传他曾隐居在渭水一带，每天都会去磻溪（在今陕西宝鸡市东南），用直钩钓鱼。他的钩上没有任何鱼饵，鱼钩也没有浸没在水里，而是离水面三尺高。

路过的人看到这种情景后，都觉得十分惊讶，有的人还对姜尚指指点点，可他却毫不在意，一边自顾自地“钓鱼”，一边念叨着：“鱼儿啊鱼儿，你们要是不想活命，就自己上钩来吧！”

这天，西伯侯姬昌（后来的周文王）在出巡时路过渭水，看到了“直钩钓鱼”的姜尚，觉得很有意思，便上前询问。两人一番交谈后，姬昌发现姜尚学识渊博、见解不凡，正是自己苦苦寻觅的能够治国安邦的人才。于是姬昌诚挚地邀请姜尚出山相助，还奉他为师，对他十分尊敬。

从那以后，姜尚一改之前低调的作风，开始尽情显露才华。他建议姬昌对内施行德政，发展经济，不断提升实力；对外则开疆拓土，不断扩大势力范围。在姜尚的辅佐下，姬昌成功地联络各地诸侯，为推翻商纣王的残暴统治做好了准备。

姬昌死后，姬发继位，对姜尚同样信任、尊重，还称姜尚为“师尚父”。在姬发发兵讨伐商朝时，姜尚任主帅，在战争中发挥了不可替代的作用。

商朝灭亡后，姬发回到镐京（今陕西西安长安区），建立了周朝。姜尚因功勋卓著，获得了自己的封地齐国。在那里，姜尚进行了一番大刀阔斧的改革，如制定选拔、考核人才的标准；大力发展冶炼业、渔盐业，推行开放的外贸政策等，使齐国逐渐发展为实力强大的诸侯国。

姜尚的“直钩钓鱼”并不是哗众取宠，而是一种以“隐”待“显”的策略。正是靠着这种策略，姜尚吸引了世人的目光，也等来了那个能够赏识他、重用他的明主，并且避免了直接求官的尴尬，可谓一举多得。

而当姜尚有了展示才华的机会后，他便毫不犹豫地变“隐”为“显”——尽情地施展才华、实现抱负。这种“显”与“隐”的自然转化，充分展现了他的眼界和智慧。

为人处世，如果能够拥有这样的智慧，做到“显隐有道”，无疑更容易达到和谐圆满的境界。为此，我们可以从以下几方面着手实施。

1. 把握“显”的精髓

“显”意味着展现、显露。比如，在身处低谷的时候，我们要像姜尚那样充分展现自己的能力，以赢得认可，获得机遇，找到属于自己的舞台，实现自身的价值；而在取得阶段性成果时，我们也不宜一味“埋头苦干”，而是要大方地与他人分享成功的喜悦，展示自己获得的经验，这不仅能为我们赢得更多的支持，还能增强自信心和满足感。

此外，在团队协作的过程中，如果我们面临一定的挑战，依靠自身能力可以解决，我们就要大胆地“毛遂自荐”，为自己争取更多的发展机会。

2．把握“隐”的智慧

“隐”意味着内敛、低调。比如，在自身条件还不够成熟的时候，我们可以像姜尚这样，不轻易炫耀自己的才华，而是默默地等待时机，同时积累资源、提升能力，最终便可脱颖而出。正如《鬼谷子》所说的那样：“圣人之道，在隐与匿。”也就是说，圣人的智慧和道德追求并不是显而易见的，而是隐藏在“平凡”之中，通过内敛、低调的方式表现出来的，这种“隐”的智慧值得我们深入学习。

另外，在与人交往的时候，我们也要运用“隐”的策略——要学会谦逊待人，不要轻易展示优越感，以免引起他人的反感，这也是一种有修养、有内涵的表现。

3．显隐有道，尽显智慧

了解了“显”与“隐”的内涵后，我们还要把握好两者的分寸，比如需要“显”的时候不能“过于显摆、张扬自我”，否则容易引起别人的忌妒和反感，甚至会带来不必要的麻烦和纷争。

但也不能“过于隐藏自我”，否则会让自己成为被遗忘的对象，哪怕有足够的能力，也得不到应有的认可，还会失去一些重要的机会，如升职、项目合作和拓展人际关系等。

因此，我们需要根据不同的场合、不同的需求来灵活调整“显隐策略”，这样才能让自己始终掌握人生的主动权。

时机不成熟时，注意保持“低调”

“木秀于林，风必摧之”，这句出自《运命论》的古语揭示了自然界中的一种现象：在一片树林里，那些过于高大的树木总是更容易成为狂风攻击的目标，很有可能被过早摧毁。

而在人类社会中，那些过于张扬、过早展露锋芒的人更容易成为“众矢之的”，可能遭受到来自四面八方的排挤和打压，以致走向失败的结局。

因此，在时机尚未成熟时，我们一定要保持谦虚、低调，不要让自己成为他人忌妒、恼恨的对象。

南北朝时期，北魏第14任皇帝元恭是个“低调”的智者。他本是广陵惠王元羽的儿子，性情稳重，为人正直，又因为孝顺祖母、母亲，在民间颇有贤名。

然而当时政局十分混乱、权臣专横跋扈，元恭稍有不慎就可能给自己招来杀身之祸。为了自保，他只能对外宣称自己生病了，需要暂时离开朝堂，回家休养。

过了一段时间，元恭为了躲避各方的试探，不得不假装患了喉疾，不能说话，还隐居到了洛阳城外的寺庙中，一连数年与世隔绝。可就是这样，还是有人不肯放过他，竟向皇帝举报，说元恭是在装病，其实心怀不轨。

元恭悲愤交加，匆匆逃到山里去了，但很快他就被抓住了，还被送到洛阳关押了起来。在那段日子里，元恭让自己保持冷静，无论别人怎么盘问，他就是不肯说一句话，最终，他被无罪释放了。

不久，皇帝被权臣杀害了，他们决定再立一个新皇帝。他们看中了品行高洁的元恭，可又担心他真的成了哑巴，便派人前去打探。此时元恭知道自己出山的时候到了，便开口说了一句“天何言哉（老天何曾说过什么呢）”。权臣等人大喜，当即拥立元恭为帝。

元恭在登基后，仍然保持着低调的作风，说自己“德行微薄”，不敢称“皇帝”，只敢称“帝”。在处理政事时，他不会随意屈从权臣等人，而是表现得不卑不亢、不偏不倚；他还亲自审理案件，为人民主持公道，朝堂内外都认为他是一位明君。

在时局动荡、自身实力也很弱小的时候，元恭装病避祸、离群索居，可谓“低调”到了极点。而在形势逆转时，他果断开口说话、登上皇位，又展现出了非凡的胆识。

从他的身上，我们学到了一条与“显与隐”有关的变通思维：在时机未到时，要尽可能保持低调。

“低调”是一条宝贵的生存智慧。正如《道德经》所言：“大直若屈，大巧若拙，大辩若讷。”真正有智慧的人，其实早就洞察了事情的本质，但不会轻易显露自己的才华。他们只会在合适的时机崭露头角，而在时机未到时，则会收敛起锋芒，默默积蓄力量。这种低调的智慧让他们能够从容应对恶劣的外部环境，并能为自己争取到宝贵的发展机会。

“低调”也是一种很有效的竞争策略。现代社会竞争日益激烈，一个人如果表现得过于张扬和激进，就会遭到大家的针对，很快就会陷入被动的境地。相反，保持低调能让我们有机会冷静观察、等待时机。在这个过程中，我们也可以更好地了解周围的环境，判断对手的情况，从而制定出更加精准有效的策略。

“低调”更能反映一个人的素质和修养。一个真正低调的人，不会因为一时的得失而大喜大悲，也不会因别人的赞美或贬低而心生动摇。这样的人也更容易赢得他人的尊重和信任，因为他们不会为了炫耀自己而夸大其词，也不会为了满足虚荣心而做出违背原则和立场的事情。他们总是以踏实的态度面对生活，用实际行动去证明自己的价值，这是一种非常可贵的人生态度。

需要指出的是，保持低调并不意味着我们要把自己的才华和能力深深掩藏起来。相反，我们应该像元恭那样，在合适的时机展现自己，充分发挥自身的能力。当然，在展现自己的同时，还是要注意方式方法，不能过于激进，这样才更有利于实现自己的理想。

待时而动，适时显露才华和能力

在时机尚未成熟时，我们应当保持低调，可要是时机已经到来，我们又该如何选择呢?

《周易》用一句“君子藏器于身，待时而动”告诉了我们答案。这里的“器”指的是才能、本领。至于“待时而动”，指的不是消极地等待时机到来，而是趁着这个时间做好充分的准备，等时机到来时就可以快速行动。

诸葛亮就是一位“藏器于身，待时而动”的智者。他在年少时失去了双亲，跟着叔父诸葛玄来到荆州。后来，叔父也离开了人世，诸葛亮在南阳隐居，过着“苟全性命于乱世，不求闻达于诸侯”的躬耕生活。不过他并没有真正远离世事，而是默默地观察着天下大势，准备在适当的时机出山辅佐明主。

在隐居期间，诸葛亮深入研究兵法、政治、经济等学问，不断提升自身才能。他还结交了一些名士，给自己增加了不少人脉资源。恰逢刘备广纳英才，这些人脉就发挥了作用，像司马徽、徐庶等人都隆重地向刘备推荐诸葛亮，激发了刘备的爱才之心。

为了与诸葛亮相见，刘备不惜“三顾茅庐”，用满满的诚意打动了诸葛亮。两人彻夜长谈，诸葛亮为刘备分析了当时的天下大势，提出了著名的“隆中对”，建议刘备占据荆州、益州，联合孙权共同抗击曹操，这相当于给刘备的大业描绘了最初的战略蓝图。

刘备被诸葛亮彻底征服了，再三邀请他出山相助。诸葛亮也很看重刘备的能力和品行，便接受了他的邀请，成为他麾下的智囊军师。此后诸葛亮一直忠心耿耿地为刘备出谋划策，帮他解决了无数难题。刘备日后能够建立蜀汉政权，与孙吴、曹魏形成“三足鼎立”之势，离不开诸葛亮的精心谋划。

很显然，诸葛亮并不想单纯地做一个“隐士”，他只是在等待着最适合的时机。在等待的同时，他不断地充实自己、丰富自己，提升了自我价值。

在刘备发出邀请时，诸葛亮敏锐地意识到这就是自己需要的“时机”，于是他果断行动起来，抓住时机，为自己非凡的才能找到了展示的舞台。

事实上，每一个渴望实现抱负的人都应当有这种“藏器于身、待时而动”的智慧：在人生的积累阶段，要沉下心来，努力提升自己；等到时机来临，就要毫不犹豫地大显身手，在人生的旅途上划下灿烂的轨迹。

在这个过程中，我们一定要注意做好以下几点。

1. 不断学习与实践

想要做到“藏器于身”，就少不了学习和实践的过程。学习是获取知识和技能的必要途径，而实践能将所学知识转化为实际的能力，这两者是相辅相成的关系，缺一不可。

因此，我们要保持对知识的渴望，不断吸收新知识，并要有投身于实践的勇气，要把所学的知识用来解决实际问题，这样才能更好地检验自己的学习效果。

2. 培养敏锐的洞察力

要做到“待时而动”，我们还需要具备敏锐的洞察力。因为时机非常难得，又容易消失，如果不能准确洞察，我们就可能与宝贵的时机擦肩而过。

因此，我们需要时刻保持高度的警觉，要注意关注周围的变化，发现一些不容易被人注意的趋势，从中寻找每一个可能的机会。当然，在这个过程中，我们也要谨慎分析和判断，切勿被表面现象所迷惑而做出错误的决策。

3. 保持足够的定力

“藏器于身，待时而动”还需要我们有足够的定力。定力，指的是一个人在面对压力、诱惑时，能够始终保持心理稳定，不会轻易发生动摇。在这个信息爆炸、日新月异的时代，拥有足够的定力，我们才不会被外界的喧嚣所影响，不会被短暂的得失所迷惑。

因此，我们要有“板凳能坐十年冷”的精神，能够耐得住寂寞，守得住孤独，能够专心致志地积累、准备、等待，直到那个最佳的时机来临，然后我们就要让自己的力量得到最大的发挥。

4. 培养果断的行动力

当机会来临时，我们需要立即采取行动。如果犹豫不决或畏缩不前，就会错失良机。这正如《商君书》所说的“疑行无成，疑事无功”，因此，我们需要锻炼果断的行动力，在关键时刻，我们要能迅速做出决策，并立即付诸行动。

应当指出的是，在现代社会中，“藏器于身，待时而动”还需要我们注重团队合作。毕竟一个人的力量是有限的，有时候，面对宝贵的时机，我们需要和他人进行默契的配合，才能更好地把握时机。因此，我们要注意与他人保持良性沟通和协作，将个人的力量融入团队的合力之中，才能发挥出更大的威力。

自我认知中的显与隐：直面真实的自我

在心理学上，“自我认知”指的是个体对自己的各种身心状态，包括生理状态、心理状态、人际关系和社会角色等的认知。

在自我认知的领域里，同样存在着“显”与“隐”的辩证关系，它们共同构成了我们内心世界的复杂图景，让我们在成长的过程中不断发现新的“自我”。

简单地说，“显”是我们能够清楚认识、也愿意接纳的那部分“自我”，包括优点、特长、过去的成就以及积极的外在形象等，我们会以此为荣，并愿意自信地展现出来，以赢得他人的尊重和赞赏。

与“显”相对，“隐”指的是那些不易被察觉或接受的自我，像缺点、短处以及潜意识中的欲望与冲突等。这部分“自我”会让我们感到不安，甚至想要逃避，因为我们不愿承认自己的不足，也不想直面内心的脆弱。可正是这些“隐”的部分，和“显”的部分一起构成了我们真实而完整的自我。只有当我们勇于面对并接纳它们时，才能实现自我的成长与超越。

《战国策》中有一个非常有趣的故事，就与“自我认知”有关。故事的主人公是齐国大臣邹忌，他身高八尺有余，相貌堂堂，外出时“回头率”很高。他自己也很清楚这一点，经常对镜自我欣赏，还问妻子：“你觉得我和城北的徐公比，谁更美？”妻子毫不犹豫地回答：“当然是你更美，那个徐公根本比不上你！”

他们提到的徐公是齐国有名的美男子，邹忌没有见过徐公，他不太相信妻子的话，就去问小妾同样的问题，小妾诚惶诚恐地回答：“您比徐公美多了！”

恰好这时候有客人来拜访，邹忌在谈话时忍不住问了一句“我和徐公谁更美”，客人想了想说：“我觉得徐公比不上您。”这下邹忌放心了，颇有些沾沾自喜。

可后来有一天，邹忌终于见到了徐公，这才知道自己的容貌与徐公比，还有很大的差距，可为什么大家都不承认这一点呢？邹忌一直在琢磨这个问题，过了很久，他才想明白：原来，妻子偏爱他，所以会认为他更美；小妾害怕他，不想触怒他，便违心地说他更美；而客人是有求于他，想讨好他，才会说他更美……

这个故事虽然有些好笑，却揭示了这样的道理：人的自我认知往往是不全面的，特别是对“隐”的部分很容易出现盲区，再加上被身边的赞美和恭维所蒙蔽，就更加无法看清真实的自我。

那么，自我认知为什么容易走入盲区呢？这主要和以下几方面的原因有关。

1. 无法专注地认知自我

自我认知不是一蹴而就的事情，需要我们付出时间和精力耐心地审视、探索自我，但人们往往不愿意进行这样的深度探索，再加上生活中存在太多的干扰，使我们无法专注觉察自我，导致对自我中“隐”的部分缺少足够的认知。

2. 无法诚实地接纳自我

对于那些习惯美化自我的人来说，属于“隐”的那部分自我可能会让他们感到失望，所以即便他们能够觉察到一定的自我，也会拒绝承认和接纳，宁愿活在虚假的幻想中。

3. 无法准确地认知自我

有的人看问题比较简单，思维呈现出幼稚化、偏激化的特点。他们不能接受和理解复杂的事物，也就无法很好地完成“全面认知自我”的任务。

那么，有没有什么办法能够帮助我们走出盲区呢？这就需要心理学中的“乔哈里视窗”来帮忙了。“乔哈里视窗”是美国心理学乔瑟夫和哈里在20世纪50年代提出的，它也被称为“自我意识的发现—反馈模型”。

这个模型将“自我”分为4个部分。

1. 公开的自我

公开的自我指的是别人知道，自己也知道的那部分自我，属于“显”的部分。就像个人的基础信息、兴趣爱好、优点长处等。这部分自我的暴露并不会给我们造成心理压力，我们可以根据与他人的亲疏远近，有选择地公开部分信息，以拉近彼此之间的距离。

2. 盲目的自我

盲目的自我指的是别人知道，但自己却不知道的那部分自我，属于“隐”的部分。苏轼的《题西林壁》中有这样一句诗：“不识庐山真面目，只缘身在此山中。”我们在认识自我时也同样存在着这样的问题，常常看不到自己身上的一些弱点、坏习惯。可这部分自我在他人眼中却是一览无余的，但他人为了不影响彼此关系的和谐，一般不会直言相告，导致我们变得越来越盲目。

3. 隐藏的自我

隐藏的自我指的是别人不知道，但自己知道的那部分自我，也属于“隐”的部分。每个人都有自己想要保护的隐私，也有一些不希望被人知晓的过往经历、想法、欲望等，我们会极力掩盖这部分自我，生怕被他人知道后会给自己带来不好的影响。

4．未知的自我

未知的自我指的是别人不知道，自己也不知道的那部分自我，同样属于“隐”的部分。像我们的一些潜在的能力、个性等都属于未知的自我，这是一个全新的领域，等待着我们去挖掘和探索。

也就是说，在进行自我认知时，我们可以用“乔哈里视窗”来进行深度剖析，从而能够全面认识“显”与“隐”的自我，进而能够诚实地面对自己的优点和缺点，有助于避免“错觉”和误解。

社交中的显与隐：展示自我和保持谦逊

在社交中，“显与隐”的智慧同样不可或缺。此时的“显”代表展示自我独特的魅力、个性、才华等，以吸引他人的注意，为建立最初的关系打下良好的基础。

而社交中的“隐”则代表着谦逊内敛的态度，这样既能表达对他人的尊重，又能体现对自身有清醒的认识。

对于社交高手来说，“显与隐”并不是相互排斥的，如果能在展现自我和保持谦逊之间找到恰当的平衡点，就更能赢得别人的尊重和喜爱。

孔子就是一位地道的“社交达人”，他的社交面很广，朋友涉及各个阶层，其中不乏志同道合的挚友。

那么，孔子是怎么交友的呢？首先，孔子很善于展现自我魅力，他是儒家学派的创始人，精通五经、六艺。在教育工作中，他不仅悉心传授知识，还注重以身作则，能够用自己良好的行为来影响弟子们，那高尚的人格魅力让无数人为之倾倒。

孔子还有满腔壮志，曾周游列国，推广自己的政治思想，虽然屡遭挫折，却从未放弃。这种坚持和执着的精神，也打动了很多人，像卫国的蘧伯玉就与孔子无话不谈，还在他走投无路时多次相助。孔子也曾称赞蘧伯玉是“真正的君子”。

尽管孔子有出众的才能、非凡的影响力，但他却从不自傲，反而始终保持着谦逊的态度。在“两小儿辩日”的故事中，两个年幼的孩子争辩“太阳何时离人近、何时离人远”的问题，孔子不但耐心地倾听了他们的观点，还诚实地告诉他们：“我也无法判断你们到底谁对谁错。”那两个小孩对他出言嘲讽，孔子没有表现出一点被触怒的样子，可见胸襟是多么宽广。

孔子就是这样谦逊、低调，他曾对弟子们说：“三人行，必有我师焉。”意思是每个人都有值得自己学习的地方，所以不管对方地位是高是低、学识是深是浅，他都会用平等和尊重的态度与之交往。

孔子还告诫弟子们：“见贤思齐焉，见不贤而内自省也。”这是在鼓励大家，看到别人的优点，就要努力学习、与之看齐；看到别人的缺点，则要积极反省，看看自己是否存在同样的问题。这种自我反省和不断学习的精神，也是一种谦逊的体现，让孔子在社交中赢得了广泛的尊敬和爱戴。

孔子的社交之道蕴含了丰富的“显隐”智慧，给我们带来了深刻的启示。通过遵循以下这些原则，我们能够更好地处理人际关系、提升社交能力。

1. 展现自我：发挥真诚与自信的力量

在社交互动中，当我们需要展现自我的时候，一定要把握好“真诚”和“自信”这两大原则。

“巧诈不如拙诚”，真诚永远是建立信任的基础，特别是在和不熟悉的对象交往时，我们更需要用真诚来打破隔阂、拉近距离。为此，我们可以通过真诚地分享自己的想法、体会和经验等，让对方感受到我们的真实与可信。

自信能够增加个人魅力，还能让我们在展现自我时显得更加从容、优雅。因此我们要注意彰显自信，要让言谈举止表现得落落大方，让人能够心生好感。另外，在适当的时机和场合，我们还可以适度展现自己的才华，让他人看到我们身上的闪光点。但切记不要过分张扬或炫耀，以免让人产生反感。

2. 保持谦逊：发挥尊重和包容的力量

在社交场合，保持谦逊的态度，能让我们获得他人的好感与信任。为此，我们要学会尊重他人的意见，考虑他人的感受。在与他人交往时，不要总是强调自己的观点，而是要多欣赏他人身上的优点，赞美他人取得的成就。在他人发表意见时，我们不能随意打断，而是要认真地倾听、积极地回应，并要表现出关注和理解的态度，这会让他人感到十分愉悦。

此外，我们还要学会包容他人。孔子在与人交往时就能够注意这一点，他愿意包容人与人之间的差异，不会轻易评判或指责别人。我们也应当努力提升自己的“包容性”，这不仅能让我们更好地与他人相处，还有利于建立和谐、稳定、持久的人际关系。

沟通中的显与隐：把握好坦诚和保留的尺度

在沟通中，我们同样要把握好“显”与“隐”的问题。沟通中的“显”，可以理解为直白明了、坦然相告，这样信息能够以直接、明确的方式传递给对方，有助于减少误解和猜测，沟通的效率也会得到提升。

但沟通中是否只能有“显”的部分呢？答案是否定的。《增广贤文》说道：“逢人且说三分话，未可全抛一片心。”这就是在提醒我们，沟通时也要有“隐”的部分，也就是有的时候说话要有节制，不能过于直接或毫无保留地表达自己的观点，否则可能因“言多语失”而造成非常严重的后果。

三国时蜀汉有位官员名叫李邈，他很有才华，但却因为说话过于“狂直”，导致经常得罪人。

李邈早年是刘璋的部下，刘备拿下益州后，李邈不但没有受到打压，还被封为益州从事，但他并不感激，反而当众数落起了刘备：“您和刘璋都是汉室宗亲，怎么能夺了刘璋的益州呢？”众人听了这话，都很吃惊，刘备也很生气，但他没有直接斥责李邈，而是反问他为什么不去帮助刘璋。李邈直白地说：“因为我没有这个实力……”刘备哭笑不得，招来执法官员，准备治李邈的“不敬之罪”，结果还是诸葛亮亲自为他求情，才免去了他的死罪。

经过了这件事，李邈也没有收敛言行，依然是我行我素，想到什么就说什么。在“失街亭”事件后，诸葛亮要处死犯了严重错误的马谡，大家都没有多说什么，李邈却站了出来。他举了几个历史上的例子，劝告诸葛亮不要处死马谡，否则可能会动摇国本。诸葛亮不想与他争辩，把他从军队赶回了成都。

后来，诸葛亮为了北伐大业“鞠躬尽瘁，死而后已”，病逝于五丈原（位于今陕西省宝鸡市岐山县）。消息传来，后主刘禅悲痛万分，穿上孝服为诸葛亮守灵三天。李邈在这个时候又跳了出来，上书指责诸葛亮“手握重兵，对朝廷虎视眈眈”，还说自己以前非常担心诸葛亮会有不臣之心，现在他病死了，国家宗室可以保全，战事也会平息，所以朝廷不但不用办丧礼，还应为此庆祝。

李邈并不知道，自己这一通“狂言”已经触及了刘禅的底线。对于刘禅来说，诸葛亮不但是一位忠肝义胆的臣子，更是自己无比信任和尊重的相父。任何人不管出于什么目的对相父出言不逊，都会遭到刘禅的严惩。于是李邈就这样被关进监狱处死了。

对于李邈的死，一位明朝大臣这样评价道：“没有诸葛亮求情，李邈早就被处死了，可他不知感恩，还用‘虎狼之心’揣测诸葛亮，真是个阴险的人！”

李邈对沟通的“显隐”问题一无所知，他说话总是只图自己痛快，该说的、不该说的都脱口而出，不但伤害了对方的感情，还表现出了自己的无知和浅薄，更引起了别人的反感和痛恨，最终让自己落得一个非常可悲的境地。

由此可见，沟通时掌握“显”和“隐”的分寸非常重要——需要“显”的时候不必遮遮掩掩，需要“隐”的时候则一定要控制自己的倾诉欲，千万不能像李邈这样说话直来直去，不考虑后果。

为了更好地把握沟通的“显隐”之道，我们在开口前应当先弄清楚几件事。

1. 开口的时机、场合是否恰当

在有的场合、有的时间，我们不需要用说话去引起他人的注意。比如，李邈与刘备的对话场合是大年初一的酒宴，当时刘备正在接受属下挨个敬酒，李邈却贸然开口，说了那些“不合时宜”的话，给大家留下了“不懂分寸”“没有礼貌”的感觉。

在这种情况下，与其说话得罪他人，还不如紧紧闭上嘴巴，等到时机、场合都适宜，再发表自己的见解和看法。

2. 开口前是否已经考虑周全

我们在表达意见前应当先考虑周全，对于一个比较复杂的问题要多角度辩证地去看，不能以偏概全，这样才不会发表有失偏颇的言论。

像李邈在“劝诫”诸葛亮时就犯了这样的错误，他只看到马谡是有才华的人，却忽略了马谡的失误已经影响到了诸葛亮的北伐大计，所以他说出的话语必然是荒谬可笑的。

另外，在手头掌握的信息不全面的时候，我们也不能随意对某件事情下结论，以免出现误判，给自己带来麻烦。为了让自己所说的话具备较强的说服力，能够让人信服，我们应当在深思熟虑后才说话，切勿想到什么就说什么。

3. 开口前是否考虑到了别人的感受

在说话前，我们还要先考虑一下他人的感受，为此我们可以采取“角色互换”的方法，将自己代入对方的角色，感受对方在听到我们所说的话语后，会不会产生愤怒、窘迫、难堪等情绪。

如果答案是“会”，那就说明我们的话语是不妥当的，是带有攻击性的，会让对方感觉不快，也会影响对方对我们的看法。像刘禅在看过李邈的上书后会勃然大怒，就是因为李邈的话语太过伤人。这种话语就应当隐藏起来，哪怕是出于好意要说，也应当换一种表达方式，用更婉转的方式说出来。

当然，我们不可能24小时都保持高度紧张和足够谨慎的状态，偶尔也会出现因不慎开口而得罪他人的情况，这时我们应当及时向对方道歉。比如向对方说一句“对不起，我刚才说的不合适，可能让你误解了”，这样能够冲淡对方心中的不快，有可能得到对方的谅解，也就不会让问题发展到难以弥补的地步。

第九章

张与弛的变通：一张一弛，文武之道

张弛有度：生活中的平衡哲学

在快节奏的生活中，我们就像是被不断加速的齿轮，无法控制地高速运转着，一刻都不能停歇。这种生活方式虽然能够提升效率，但也会造成身心疲惫、精神压力加大。因此，我们需要改变生活方式，做到“张弛有度”，这样才有助于维持身心健康、提高生活质量。

“劳逸结合”“一张一弛”等观点古已有之，《礼记·杂记下》就说道：“张而不弛，文武弗能也；弛而不张，文武弗为也。一张一弛，文武之道也。”这里的“张”有拉紧弓弦的意思，“弛”有放松弓弦的意思。

“一张一弛”原指治理国家要宽严结合（即灵活运用周文王、周武王治理国家的原则），如今则引申为合理安排生活节奏，要做到“有松有紧”。

从变通的角度看，适度的松弛，是为了缓解压力、恢复精力。这样才能在工作和生活的“长跑”中保持持久的耐力和动力。

唐代诗人白居易就深谙“张弛之道”。据说他在杭州、苏州担任刺史时，工作十分繁忙，经常需要连续工作数日。

在紧张的工作日，白居易会注意按时午睡，他认为这能让自己得到休息，还能为下午的工作积蓄能量。在《昼寝》一诗中，他这样写道：“不作午时眠，日长安可度。”可见他对午睡有多么重视。

白居易在休息日会放下所有的公务，只做些饮酒、休闲之类的事情。

他这样说道："我在这一天里过得特别放松，是想要消除前九天积累的工作疲劳，之后我才会有更多的精力和体力去管理州里的事务。倘若没有了休息日，我就会带着疲惫和压力去处理公事，那样不但对自己有害，还会给人民带来灾难。"

白居易的观点得到了很多朋友的赞同，于是，他们会在休息日主动来和白居易聚会，大家一边喝酒，一边吟诗奏琴，享受着文人特有的雅趣。这种活动不仅让白居易在紧张的工作之余得到了放松，还激发了他的创作灵感。有一次，他和朋友一起饮酒作诗，见眼前春光明媚，他心情愉悦，便在诗中写道："花时同醉破春愁，醉折花枝作酒筹。"这句诗因为意境洒脱，还得到了很多人的赞赏。

有的时候，白居易还会到野外游玩，他会在车中放上一把古琴，车两边则悬挂着酒壶，这样就能一边奏琴一边饮酒，感觉十分惬意。他还会在船上宴请宾客，为了增加趣味性，他让仆人在船旁吊上很多食囊，里面盛着美酒佳肴，客人们随手拉起一只食囊，就能尽情享用。这些别出心裁的休闲方式，都能让白居易在忙碌的工作之余，享受到难得的生活乐趣。

白居易"劳逸结合""张弛有度"的生活方式，相信会让很多现代人羡慕不已。在工作中，白居易能够认真履行职责，将公务打理得井井有条；在生活中，他能够想出各种有趣的方式，让自己得到充分的放松。他让我们看到，真正的智者懂得在"紧张"与"松弛"之间自如切换，懂得从喧嚣中找到安宁，从忙碌中发现生活的雅致与情趣。

那么，我们如何才能拥有这种"张弛有度"的人生智慧呢?

1. 要合理规划作息时间

合理、规律的作息时间能让人体力充足、精力充沛，有助于提升工作和学习的效率。因此，即使工作再繁忙，学习压力再重，我们都要安排好作息时间。比如，每天尽量在同一时间上床睡觉和起床，哪怕在周末、节假日也不能“赖床”，以免扰乱正常的“生物钟”，引起失眠、精神不振等问题。

另外，睡眠的时间要充足，成年人每天要保证7~9小时的睡眠。此外，如果条件允许的话，中午还可以像白居易这样，安排短暂的午休，这有助于恢复精力，但午休时间不宜过长，否则会影响夜间睡眠。

2. 在工作中要学会“间断休息”

长时间连续工作会引起注意力下降、思维迟钝，甚至会引发身体不适。因此，我们一定要尽量避免长时间坐在电脑前一动不动，不妨每隔一段时间就站起来走动，或是做些简单的伸展运动，以促进血液循环，缓解肌肉紧张。

在会议间隙或接听电话等“碎片时间”里，我们也可以进行短暂的休息和放松。比如，可以做做闭眼冥想、深呼吸，或是进行简单的眼部和颈部按摩等，都能减轻疲惫感，可以让我们在工作中保持高效。

3. 创造舒适的休息环境

我们还可以在办公室或工作区域设置舒适的休息区，在里面放置一些自己喜欢的书籍或有助于放松的装饰品、绿植等。这个区域可以成为我们进行“间断休息”时的小天地，能让我们快速地从工作状态中抽离出来，有助于改善心情，提升工作效率。

当然，休息的方式和效果因人而异，我们可以多去体验和尝试，找到适合自己的方式后，就可以一直坚持下去，有助于实现身心健康与高效工作的双赢。

自我放松：别让“习惯性内耗”拖垮了你

在快节奏的工作和生活中，很多人都会有身心疲惫的感觉。事实上，这种疲惫不仅源于外部的压力，还有来自内心深处的“习惯性内耗”。

如今“习惯性内耗”这个词语出现的频率越来越高，它指的是个体在日常生活中，由于过度的自我怀疑、担忧、烦恼等心理活动，导致心理能量被过度消耗，进而影响身心健康的一种现象。

不过，“习惯性内耗”并不是现代社会所特有的，在历史上，很多名人也曾深受“习惯性内耗”之苦，名相李斯就是其中之一。

李斯是战国末期楚国上蔡人，他虽然出身贫寒，读的书也不多，却有满腔壮志，渴望成就一番大事业。后来，他凭借自己的聪明才智，得到了一个小吏的职位，但却看不到向上发展的空间，不免十分失望。

随着时间的推移，李斯越发觉得前路迷茫。他心中充满了忧虑和烦恼，有时还会陷入深深的自责，甚至还会用酒精来麻痹自己。

有一天，李斯喝多了酒，踉踉跄跄地走进厕所，却惊动了里面的老鼠，老鼠“嗖”的一声逃走了，把李斯吓了一跳。酒醒后，李斯又去粮仓查看存粮，看到里面的老鼠正在大模大样地吃着粟米，一点都不怕人来惊扰。李斯不禁感慨万分，说出了这样一句话：“一个人有没有出息，就像这厕鼠、仓鼠一样，关键在于环境不同罢了。”

此后，李斯开始深刻地反省自我。他终于意识到，过多的担忧、自责没有任何意义，自己真正要做的是马上行动起来，改变不如意的现状。他下定决心追随荀子学习治理天下的学问，学成后，他分析各国形势，认为楚王不值得自己效力，而其他国家也日渐衰落，只有到秦国，才能找到实现抱负的机会。

李斯告别了荀子，来到秦国，设法得到了当时的权臣吕不韦的赏识，被任命为郎官，不久又得到了秦王的重用。

秦统一六国后，李斯被任命为丞相。他尽情地施展毕生所学，做了很多了不起的大事。

李斯拥有卓越的才干和独到的眼光，本是不可多得的治国之才，可就是这样一位杰出人物，也曾深深陷入“习惯性内耗”的泥沼，终日痛苦、纠结不已。

幸运的是，李斯善于观察和思考，而生活中一个非常偶然的现象让他有醍醐灌顶的感觉。对比厕鼠、仓鼠的际遇，他恍然大悟，打开了思想上的结，让自己能够自我放松，终于成功地克服了“习惯性内耗”，实现了人生的转折。

如果我们也想摆脱“习惯性内耗”，不妨参考李斯的做法，学会自我放松，为自己的心灵减负。为此，我们可以从以下几点做起。

1. 深入剖析“习惯性内耗”的原因

每个人“内耗”的原因可能都不相同，比如有的人有无法接纳自我的问题，不能接受自身的缺点和不足，导致不能自如地放松和享受生活；也有人陷入了盲目攀比的怪圈，一旦发现自己在某些方面不如别人，就会产生严重的负面情绪；还有人对不确定的未来产生了过度担忧，导致无法专注于当下的生活……因此，我们必须先静下心来，找出自己不断“内耗”的真正原因。

2. 根据不同的原因对症下药

明确了“习惯性内耗”的原因后，我们就可以有针对性地采取措施，以减少心理能量的消耗。比如，无法接纳自我的人，要学会欣赏自己身上的优点，同时也要正视自身不足，不必对自己过于苛求；喜欢攀比的人要放下过强的胜负欲望，同时不要对外界的评论过于在意，避免给自己造成过大的心理压力；总是担忧未来的人则要把注意力集中在当下的事情上，这样才能更好地享受生活的美好，减少内心的忧愁和迷茫。

3. 通过多种方式自我放松

我们还可以有意识地专注“当下”，也就是只关注自己在“这一刻”正在做的事情。比如，我们正在品尝美食，就不能一边吃一边看手机，或是与人聊天，而是应当集中注意力，将意识完全沉浸于食物中，去细细地体会每一口的滋味，这样才能够真正享受到食物带给自己的满足感和与愉悦感，也能让自己真正放松下来。

在专注“当下”的同时，我们还可以暂时放下过去已经发生的事情，也不要去思考未来还没出现的情况，这样就能够避免被负面想法、不良情绪带走注意力，内心能够变得更加平静，也有助于减轻心理压力。

在做好心理调适之余，我们还可以多尝试一些主动放松的办法。比如培养一些健康的兴趣爱好，能帮我们转移注意力，让我们感到快乐和满足，从而暂时忘记烦恼和压力。

需要指出的是，放松和单纯的娱乐活动不同。因为放松能让紧张的神经得到舒缓，而很多娱乐活动如玩手机游戏、刷短视频、观看节奏紧张的影视剧等却会不断地刺激神经系统，并会让呼吸频率、心率加快，血压升高，此时机体处于兴奋状态，我们也会感到很开心，但大脑和身体却没有获得真正的放松。因此，我们要避免长时间从事这类娱乐活动，以免让身心更加疲惫。

告别焦虑：摆脱“压力山大”的状态

焦虑是很多现代人都会遇到的问题，在工作、学习、生活、人际关系的压力下，焦虑情绪常会不请自来，让我们难以保持平静的心态。

随着焦虑情绪越来越严重，又会反过来影响我们的工作、生活，使我们变得更加紧张、不安，无法自如地应对外部挑战。

在这种情况下，我们需要用“张弛之道”来调节焦虑、紧张的状态。“张弛之道”主张紧张与放松交替进行，这种交替不但有助于缓解焦虑，还能提升个人的应对能力，让我们能够从容不迫地面对工作和生活带来的压力。

我们应当做好以下几点。

1. 找到焦虑的源头

美国心理学家罗洛·梅说过：“焦虑是因为某种价值受到威胁所引发的不安，而这个价值被个人视为自己存在的根本。”

从这个定义出发，我们可以重新认识焦虑的本质，并可以由此找到让自己如此焦虑的源头。比如，有的人会将“证明自己的能力”“获得他人的认可”视为重要的个人价值，当自己表现不佳或是不被他人赞同时，就会立刻变得紧张、懊恼、局促不安，也会引发焦虑情绪和心理压力。

我们可以按照这样的办法去寻找最被自己看重的“个人价值”，进而找到焦虑的根源，然后对症下药，进行自我调整。

2. 消除没有必要的担忧

受困于焦虑和压力的时候，我们应当意识到那些让自己烦恼、忧虑的想法其实只是一些“猜测”，并不是“事实”。为了帮助自己重构认知，我们可以尝试用“如果—但是—实际上”的三步句式来进行自我询问，从而厘清“假想”和“事实”。

比如我们可以这样自我询问：

（1）“如果我在当众发言时出错会怎么样？”

（2）“但是现在并没有出现这样的情况，所以一切都是我的假想罢了。”

（3）“实际上我已经进行了充分的准备，也进行过多次预演，演讲的效果一定会非常理想……”

在自我询问时，我们不妨准备一张表格，将那些让自己担忧、烦恼的“如果”和确定的“事实依据”分别列出来，再依次询问，这样就能发现很多担忧其实是没有必要的，也就能够让自己逐渐从焦虑和压力中慢慢挣脱出来。

3. 学会转移注意力

在焦虑袭来时，我们一定不能过于慌乱，也不要刻意压抑自己的情绪，更不要在脑海中不停地对自己说：“我一定不能再想这件事！”这样的做法只会起到反效果，会让自己的关注点更加集中在这件事上。

此时心理学家建议我们可以做一些能够转移注意力的事情，比如可以做一些自己非常擅长的事情，并可以准备一张任务表，每完成一个小任务就打上一个“√”，这样我们会更容易专注其中，内心也会产生快乐、满足的感觉；而每一个小小的成功还能增强我们对事物的掌控感，也能让自己不再为未发生的事情焦虑不已。

找回掌控感：专注于你能够掌握的因素

我们经常会遇到事务繁多、分身乏术的情况，而个人的精力毕竟是有限的，越是想要掌控所有事务，把一切事情都做到尽善尽美，就越是会给自己造成巨大的压力，很容易引发各种身心问题。

此时，“张弛之道”能帮我们找回生活的掌控感，让我们可以专注于自身能够掌握的因素，这不仅能够激发内在动力，还能提升生活质量。

北宋文学家、政治家欧阳修在做事时就有忙而不乱的特点，即使工作再繁忙，他也能找到掌控感。

欧阳修曾经被贬到夷陵为官，当时那里虽然只是一个小县，却有忙不完的工作。欧阳修一去，就不得不处理积压已久的官司，糟糕的是，很多卷宗都遗失了，有的小吏还不识字，无法为他提供帮助。

欧阳修只好亲自去做所有的事情，但他做事很有条理，很快就把这些案件分成若干类型，如“违法徇私”“灭亲害义”等，然后逐一调查厘清，县里的官员们对他十分佩服，都认真配合工作，再也不敢敷衍塞责了。

欧阳修的掌控感还表现在他对时间的合理安排上。在紧张的工作之余，他还给自己安排了学习和创作的时间，而这些时间多是他在马上、枕上、厕上挤出来的“碎片时间”，他把这称为“三上”，别看这些时间很不起眼，可经年累月下来，却是一笔不小的“时间财富”，欧阳修就是用这种时间研读名著、撰写文章的，他能够创作出众多不朽名篇，与“三上”是分不开的……

欧阳修的张弛之道和掌控感，在这个案例中得到了淋漓尽致的展现。面对纷繁复杂的政务，欧阳修不慌不乱，进行合理规划，不但没有被琐事淹没，反而表现出了高超的掌控感。与此同时，他也没有让工作占据人生的全部，而是利用碎片时间进行学习和创作，如此一张一弛，给人以灵活自如、游刃有余的感觉。

如果我们想要像欧阳修这样获得对事务的掌控感，在工作、学习和生活中表现得更加从容、坦然，就可以尝试以下这几种方法。

1. 给自己一个正确的定位

很多被压力困扰的现代人在自我定位方面往往存在着不同程度的偏差，比如身为一个团队、一个企业的管理者，应当多关注一些方向性、全局性的事务，而不应把自己的时间和精力过多浪费在细节性、具体性的事务上，这样不但会导致办事效率低下，还容易给自己造成过多的压力。

所以在自觉压力巨大的时候，我们应当先对自己进行重新定位，要弄清楚自己的角色、职责，不要让自己陷入烦琐事务的海洋。

2. 专注于自己能够控制和影响的事务

在完成定位工作后，我们还应当厘清自己的职责范围，不要去操心那些超越自己管辖范围的事务，而应专注于那些自己能够控制和影响的事务。

仍然以管理者为例，我们需要控制的事情可能有重大决策、计划类的工作，制定规章制度的工作，改进现行流程和方法的工作，等等。这些工作事关重大，我们必须亲自承担，并要发挥自己的专注力，集中精力、一门心思妥善做好这些事情，这样也能让自己获得“掌控局面”的感觉，有助于减轻压力。

3. 给自己一个明确而具体的目标

在投入工作前，我们不妨先给自己树立一个明确而具体的目标，然后尽可能地努力实现目标。在目标实现之后，就适当放松，不要再给自己过多的压力，这样既能提升掌控感，又不会让自己感觉非常吃力。

有一些杰出的管理者便是这样做的：他们会在工作时间专注完成自己预先设定的目标，之后便会适当放松、休息，让消耗的精力得到恢复。回家后，他们会专注于和家人相处的时光，而这会让他们的心灵更加满足、安定、快乐，白天在工作中积累的压力也会得到一定缓解。我们不妨学习这种做法，让专注帮我们找回正常的工作和生活节奏，为我们驱走烦恼和压力，让身心能够恢复到平衡状态。

分清工作、生活之间的界限和起止点

相信很多职场人都有这样的感觉：工作和生活的界限变得越来越模糊，有的人甚至保持着“永远在线”的工作状态，影响了正常的休息和娱乐，不但对身心健康造成了威胁，还容易因过度疲劳而导致工作失误。

因此，我们很有必要分清工作与生活之间的界限，不能任由工作侵入自己的生活领域和私人时间。

北宋文学家苏轼就很擅长安排工作、生活。他一生其实都很忙碌，因为屡遭贬官，他的足迹遍布大江南北，可不管到了哪里，他都会认真对待工作，并想方设法造福当地人民。比如在杭州，他就整修水利系统，组织人手对西湖进行了全面的疏浚和开发，修复了“六井”，给当地居民的日常生活提供了便利。还用挖出的泥在西湖筑成长堤，这就是著名的“苏堤”……

在认真投入工作的同时，苏轼也没有忘记“张弛之道”，他将工作和生活打理得井井有条。平时忙完了工作，他就会漫步山林、泛舟湖海，陶醉于美好的自然风光中。“欲把西湖比西子，淡妆浓抹总相宜”，这正是他在欣赏西湖美景后留下的千古名句。而“竹杖芒鞋轻胜马，谁怕？一蓑烟雨任平生”，则是他在风雨中悠然行走后获得的感悟，从中不难看出他豁达乐观的人生态度。

他还有很多兴趣爱好，如创作诗词、研究美食、品茶、外出访友等。有时候他独自出去散步，遇到了当地的老百姓，就会停下来和人愉快地闲聊，没有一点为官的架子。

在苏轼看来，无论是工作的“忙”，还是生活的“闲”，都是有意义、有乐趣的。所以该忙碌的时候，他会全力以赴，不怕苦也不叫累；到了该休息的时候，他又会及时抽身，安心地享受生活的美好……

苏轼不仅是杰出的文学家和政治家，还是热爱生活、善于享受生活的人。他能够分清工作和生活的界限，善于在工作之余寻找生活的乐趣。

他用亲身经历告诉我们，一个人即使工作再忙碌，也应该找到适合自己的放松方式，让生活变得丰富多彩。

那么，我们如何才能像苏轼这样巧妙地安排工作和生活呢？

1. 厘清工作和生活的界限

这种界限包括有形的空间界限，也包括无形的心理界限。比如按时上下班，平时只在办公室里处理工作事宜，让工作场所和生活区域截然分开，这就是把握好了空间界限；再如工作时全心投入，不牵挂生活琐事，下班后暂时忘记自己的“职场人”身份，让心灵从工作压力中解脱出来，这就是把握好了心理界限。

2. 合理规划工作时间

为了防止工作时间无限延长，我们可以在每晚临睡前安排好第二天的计划，根据事务的重要性列出清单。

第二天开始工作前，我们可以把必须完成的要事写在便签纸上，再贴在电脑边或其他醒目的位置，然后集中精力去完成。如果工作时间快要结束时，突然接到了临时委派的任务，不得不加班工作，那就要学会集中精力、高效工作，以尽可能缩短加班时间，减少对生活时间的挤占。

3. 不要让工作渗透入生活

多伦多大学的心理学家斯科特·席曼等人的研究表明，那些将工作渗入家庭生活的人常常要承受更多心理压力，容易产生急躁、愤怒、焦虑等负面情绪，也容易导致家庭关系紧张。因此，我们最好将工作留在办公室内。同时要养成良好的使用移动设备的习惯，如果离开了工作场所，回到了生活空间，就不要频繁查看工作邮件或回复信息，否则紧张的神经一直得不到松弛，会让我们感到更加疲倦。

此外，我们可以时不时地问自己："我能平衡工作和生活，做到张弛有道吗？"如果答案是否定的，那就说明我们需要重新调整工作和生活的界限，只有找到最合适的界限，我们才能享受到工作带来的成就感、愉悦感，也能在属于自己的生活时间里找到快乐和幸福的感觉。

给自己创造美好的“充电时刻”

很多人日复一日陷入繁忙的工作中，可能并没有察觉到自己的心理在巨大的压力下已经发生了变化。

其实，像情绪不稳定、看问题消极、缺少生活的乐趣等情况，都是心灵在向我们发出“警报”。我们需要重视这些“信号”，及时调整心理状态，为疲倦的身心“充电”。

正如古语所说的那样，“磨刀不误砍柴工”，从表面上看，“磨刀”似乎是在浪费时间，可要是从变通思维的角度来分析，情况就会大不相同——适当花点时间，给自己“充电”，会让头脑更加清醒、思维更加敏锐、精力更加充沛，反而有助于提高工作和学习的效率。

南宋大诗人陆游一生历经磨难，寿命却达到了85岁，并且著作颇多，现存的诗作就有九千余首，这与他善于进行“自我充电”有很大的关系。

陆游“自我充电”的方式有很多种，比如他每天都会抽出一些时间，和天真可爱的孩子一起玩耍、嬉戏，这样不仅能够活动筋骨，还能愉悦身心。这就是他的“闲嬉充电法”，还被写入了诗中：“整书拂几当闲嬉，时取曾孙竹马骑。”从中可以感受到他那颗不老的童心。

种花也是陆游的“充电”方式之一，不管住在什么地方，他都喜欢用花草美化周围的环境。哪怕到了70岁高龄，他还会不辞辛苦地栽种兰花、玉簪花、百合等。这些花卉给他带来了美的享受，也能帮他调适情绪、减轻压力。

陆游还很喜欢品茶，留下三百多首与茶有关的诗。他对于各种茶都有深入的研究，还擅长煎茶、点茶、分茶。对于他来说，品茶也是一种“充电”的过程，不但能够提神醒脑、放松身心，还能让他获得高雅的文化享受。

陆游的“自我充电”方式反映了他对“张弛之道”的深刻理解，我们可以借鉴他的做法，在合适的时间做一些能够减轻压力、调节情绪、为自己“充电”的事情。

以下这些方式，都能为我们创造美好的“充电时刻”。

1. 亲近自然，感受大自然的魅力

大自然是天然的“充电器”，当我们置身于山水之间，呼吸着清新的空气，感受着恬静的氛围时，心灵会得到滋养，紧张的身体也会不由自主的松弛下来。

因此，我们应该在业余时间多到户外走走，比如可以在周末的时候去爬山、郊游或野餐，让自己充分沉浸在大自然的怀抱中。

2. 阅读书籍，充实自己的内心世界

书籍被称为“心灵的食粮”，无论是文学名著、哲学经典还是科普读物，都能成为“自我充电”的良好选择。在阅读的过程中，我们不仅能够增长知识、拓宽视野，还能让紧绷的神经得以松弛。

3. 运动健身，改善身心健康

运动是保持身心健康的重要途径，能够帮我们强健体魄、提升免疫力，还能释放压力、缓解负面情绪。

因此，我们要经常给自己创造“运动时刻”，可以是一次晨跑、一次瑜伽练习或是一次游泳……在运动的过程中，我们的身体会逐渐恢复活力，疲惫的心灵也能得到休息。

4. 社会交往，拓展人际关系

心理学家提出，人是社会性的动物，我们需要与他人建立联系，进行交流和互动，这些交流其实也是重要的“充电方式”。

在交流的过程中，我们会了解不同的观点，有助于拓宽自己的视野；我们还能感受到他人的关爱和支持，有助于增强内心的归属感。

此外，我们可以利用业余时间多参加一些社交活动，以结交志趣相投的朋友，与他们分享彼此的生活感悟，共同成长和进步。这样的“充电时刻”不仅能让我们拓展人际关系，还能让我们感受到生活的美好。

第十章

刚与柔的变通：刚柔并济，不可偏废

过刚易折，要学会适度妥协和变通

《晋书》中有这样一句话："太刚则折，至察无徒。"说的是事物过于刚硬，没有丝毫柔韧性，就容易在外力的作用下折断；而过于坚持原则，总是用苛刻的标准要求他人，就容易失去朋友。

因此，在为人处世中，我们不能过于刚硬和苛刻，要学会适度地妥协和变通。

《左传》中有这样一个耐人寻味的故事。春秋时期，晋国大夫阳处父因为能言善辩得到了国君的重用。有一次，阳处父奉命出使卫国，在回国途中经过宁邑，住在一家客店里。店主宁嬴见阳处父仪表堂堂，见解不凡，认为他是个了不起的大人物，便决心丢下客店，追随阳处父，去做一番大事业。

然而没过多久，宁嬴就垂头丧气地回来了。他的妻子觉得很奇怪，问他到底出了什么事儿。宁嬴叹息着说道："我真没想到，阳处父这个人性格那么刚直。以前我读过《商书》，里面说过：'沈潜刚克，高明柔克。'可那个阳处父只懂得刚强，性格中没有任何柔和之处，我担心他不得善终。为了不被他连累，我决定离开他。"

日后事情的发展正如宁嬴所说的那样，阳处父被卷入了晋国权臣赵盾和狐射姑的权力斗争中。性格过于刚直的阳处父坚决举荐赵盾担任中军主帅，遭到了狐射姑的记恨。阳处父对此满不在乎，还经常说自己的所作所为都是为了国家利益，不怕惹上私怨。狐射姑知道后更是气愤，认为阳处父过于嚣张狂妄。没过多久，狐射姑就派亲信杀害了阳处父。

阳处父就是“过刚易折”的典型例子。他过分地坚持自己的原则，做事直来直去，不肯做丝毫变通，也不考虑他人的感受，不愿意给别人留任何“情面”，结果给自己招来了祸端。

这也提醒我们，在人生的道路上，过度的刚直有时并非好事，这可能会让我们陷入困境，甚至还会蒙受惨重的损失。

那么，我们如何才能避免“过刚易折”的悲剧呢?

1. 对过于刚直的性格进行“重塑”

人的性格多种多样，有的人性情刚烈如火，有的人却温和似水，这本无可厚非。但我们应当认识到，过于刚直的性格会让人变得偏执，在与人相处中也会显得生硬、不近人情，容易引发冲突。

因此，我们要学会自我反省，以发现性格中存在的问题，并能够有意识地进行性格“重塑”。在这个过程中，我们一方面要保留性格中的积极元素，如坚韧不拔、正直无私等；另一方面，要学会在适当的时候软化自己的态度，增加一些灵活性和包容性，这会让自己的性格更加完善、更加成熟，也更容易在社会中立足。

2. 处理问题时多一些“柔韧性”

很多人都有一种“非黑即白”的思维模式，即认为事情只有对和错、黑和白这样的极端状态。在处理问题时也是只有两种解决方案——要么完全接受，要么完全拒绝，这就是过于刚直的处理方式。

事实上，万事万物远比想象的要复杂得多，我们需要从不同的角度去看待，然后进行“柔性处理”——找到既符合自己利益，又能得到他人理解和接受的解决方案，这样才会产生更好的结果。

3. 在“原则性”和“灵活性”中找到平衡

“原则性”是我们行为的基石，让我们始终保持着坚定的立场。然而，原则性不宜过度，否则会让我们变得僵化与刻板，难以适应不断变化的环境和需求。而“灵活性”是我们应对变化的武器，可以帮助我们迅速调整策略，化被动为主动，在困境中找到出路。

因此，我们要在原则性与灵活性之间努力找到微妙的平衡，这意味着我们要在坚守原则的同时，学会变通与妥协；而在保持灵活性的同时，要不忘初衷与底线，这样才能在人生之路上走得更加稳健。

过柔易靡，不可失去自身的“刚性”

“过刚易折”告诉我们，人或事物过于刚硬，没有丝毫柔韧性，会导致十分糟糕的结果；可要是过于柔弱，却也不是什么好事。

所谓“过柔易靡”，说的就是人或事物过于柔弱、缺乏必要的刚性和原则，就容易陷入一种失去力量的状态，最终难免走向失败的结局。

汉章帝刘炟是东汉的第三位皇帝，他在位期间实行宽厚仁慈的统治。他考虑到连年征战给人民带来了深重的苦难，便决定停止武力征伐，继续推行光武帝和汉明帝所倡导的休养生息政策，重视农业生产，减轻民众负担，并提倡用道德来教化黎民百姓。这些政策的本意是好的，有利于社会经济的恢复和人民生活水平的提高。然而汉章帝过于柔弱的作风没能让政策得到很好的贯彻执行，一些官吏为了谋求私利，不惜违背政策的本意，还做了不少贪赃枉法的坏事。可当时的政令刑罚又比较宽松，使得这些官吏更是有恃无恐。比如按照原本的制度，贪污的官员一旦被查实，自己就要接受严重的处罚，家中的三代人都不准再做官。可汉章帝却废除了这项制度，导致很多人在背后说他是没有原则的“老好人”。

汉章帝的“过柔”还表现在对外戚的态度上，他总是对外戚家族过度宠信，动不动就给予超过规定的赏赐，以致掏空了国库，而当国家财政出现困难时，压力又被转嫁给了人民。

那些外戚家族仗着有汉章帝“撑腰”，经常胡作非为。像汉章帝的大舅子窦宪就十分狂妄，连皇族都不放在眼里。有一次，他看上了沁水公主的一处田园，非要用很低的价格购买。公主惹不起他，只能委屈地答应了这笔交易。

汉章帝知道这件事后，竟然没有严惩窦宪，只是象征性地责备了他一顿，让他把田园还给公主。可想而知，此后窦宪的气焰会是多么嚣张。

也是因为汉章帝一直施行这种“过柔”的统治，导致朝廷内部的权力平衡被打破，外戚的势力越来越强大。这种混乱的政治局面导致了社会的不稳定，为东汉王朝的衰败和灭亡埋下了伏笔。

汉章帝的故事告诉我们，“过柔”和“过刚”都是不良状态，不利于长远发展。具体来看，“过柔”的后果主要体现在以下几个方面。

1. 会失去原则和立场

过于柔弱的个体或组织，往往缺乏坚定的原则和立场。比如，“过柔”的人可能很善于交际、擅长察言观色，因此很招人喜欢；但在面对有争议的问题时，这种人常常会轻易妥协和退让，不敢直面问题，据理力争。这种“柔性”的态度虽然能暂时避免冲突和矛盾，但从长远角度来看，却会让人失去自我、迷失方向。

2. 会失去力量和稳定性

在自然界中，过于柔软的事物更容易失去稳定性和力量感，像泥土、棉花等都有这样的特点，而这让它们难以承受外界的压力，一有风吹草动就会轻易改变形状。

个人和组织也是如此，过于“柔弱”会让他们难以应对变化的环境，很容易在压力或危机下崩溃。

3. 会失去必要的支持

过于柔软、懦弱的个人很可能像汉章帝这样变成没有原则的“老好人”——看似谁都不得罪，但却难以赢得他人真心的信服和支持；同样，一个过于“柔软”的团队，由于其管理者无法发挥核心领导作用，也会逐渐失去成员的支持，导致团队内部一盘散沙，缺乏应有的向心力和凝聚力。

4. 会失去竞争力和影响力

过于柔弱的个体或组织，还会有决策犹豫、行动迟缓、回避挑战等缺点。所以他们难以在激烈的竞争中脱颖而出，也无法突破事业的瓶颈，取得新的成就。时间长了，他们就会在竞争中一步一步下滑，甚至会面临被淘汰的命运。

对于“过柔易靡”的事实，每一个个体或组织都应当有清醒的认识，要学会改变“过柔”的风格，适度增强自身的“刚性”和韧性，并且要保持一些灵活性和适应性，这样才能避免因过于柔弱而失去力量。

刚柔并济：拿捏好刚与柔的分寸

“过刚”的人常给人强硬、冷漠或不易亲近的印象，而“过柔”的人又可能被认为是懦弱、缺乏自信的。然而，“刚”和“柔”并不是完全对立的。实际上，它们就像太极图的阴阳两极一样，是相辅相成的。

在生活中，我们需要把握好“刚”与“柔”的分寸，做到“刚柔并济”，这样就更容易达到人生的理想境界。

晚清重臣曾国藩就是一个很好的例子。他早年在京城做官的时候，经常和一些身居要职、身份显贵的人作对，这种刚正不阿、不畏强暴的气概为他赢得了人们的赞誉。

不过，随着时间的推移，曾国藩逐渐悟出了这样的道理：“天地之道，刚柔互用，不可偏废，太柔则靡，太刚则折，刚非暴戾之谓也，强矫而已。柔非卑弱之谓也，谦退而已。”他认为，天地之道讲究刚柔并济，不能过于偏重其中的一点。例如，一个人太过柔和，像泥巴一样软塌塌的没有脾气，就容易被人欺负；可要是过于刚硬，又容易被折断。

曾国藩所说的“刚”指的不是粗暴、凶狠，而是有坚定的立场、干脆的行动；“柔”也不是懦弱无能的意思，而是懂得谦逊、包容、忍让。

在多年宦海生涯中，曾国藩始终按“刚柔并济”的原则行事。当上司对他心生猜疑的时候，他以服从为主，尽量按上司的命令办事，不让上司挑出自己的毛病，表现出了“柔”的一面；可对于一些不合理的命令，他又敢于抗争，绝不退让，表现出了“刚”的一面。

他也会遇到左右为难、难以抉择的情况，这时候他会采取推拖延缓的办法，展现出处事的“灵活性”。而当他取得了较大的功绩后，也不会贪功独享，而是把功劳归于上司的“神机妙算”和朝廷的“英明指挥”。正是因为善于变通，处事刚柔并济，他才能在动荡的政坛站稳脚跟，并能够历经三朝而不倒。

曾国藩的高明之处，在于他能够拿捏好“刚”与“柔”的分寸：在面对名利时，他懂得谦让，摆脱了无谓的争斗；在处理人际关系时，他经常站在他人的角度思考问题，满足他人的心理需求；可在面对重大决策或挑战时，他又能展现出坚定的态度，不会被外界的压力轻易压倒。

那么，普通人想要做到“刚柔并济”，又该注意哪些方面呢？

1．明确自己所处的情境

“刚柔并济”要求我们在不同的情境下灵活调整自己的态度和行为，因此，我们要清晰地认识到当前所处的情境，然后才能采取相应的策略。

例如，在工作场合，我们可能需要表现出“刚”的一面，即要有更强的决断力和行动力，而在家庭或社交场合，则需要表现出“柔”的一面，即要有更多的理解和包容之心。

2．注意观察对方的特点

在与人打交道的时候，我们需要了解对方的性格、需求，以判断何时应该表现刚性的态度，何时又该展现出柔性的一面。

例如，对方是一个内向、敏感、容易自卑的人，我们在与之沟通时就要多采用“柔和”的方式，避免伤害对方的情感，引起对方的不快。

3．注意避免“过刚”或“过柔”

我们可以用曾国藩的名言提醒自己，平时不能过于刚硬，不要破坏人际关系的和谐；但也不能过于柔弱，否则会失去原则，被人轻视。

因此，我们要在坚守个人原则和立场的同时，充分考虑对方的感受和需求。有必要的话，我们还可以直接询问对方的感受，以增进彼此间的理解和信任，这样更容易做到“刚柔并济”。

最后，我们还要不断回顾自己的行为和态度，思考自己是否表现得过于刚硬或过于柔弱。通过反思和调整，我们的情商和人际交往能力都能得到有效的提升。

外柔内刚：柔和的外表下藏着强大的内心

“刚柔并济”的重要表现形式是“外柔内刚”，就是外在表现得很柔和、很谦逊，而内心却非常坚定、有原则。

有句老话是这样说的：“外柔内柔，人辱之；外刚内刚，人毁之；外刚内柔，人轻之。唯有外柔内刚，方成大器。”

的确，外柔内刚的人在人际交往中能够赢得他人的尊重和信任，而在面对困难和挑战时，又能表现得有主见、有原则，充分彰显内心的强大力量。

三国时的谋士荀攸就是一个“外柔内刚”的人。从外表看上去，荀攸有些憨憨的，有时候还会给人不够果敢和坚韧的印象。可实际上，他的内心却极其强大。

189年，董卓开始把持朝政，胡作非为。荀攸痛恨董卓的专横霸道，和郑泰、何颙等人密谋，想要刺杀董卓。可惜事情提前败露，荀攸等人被抓捕入狱。在狱中，何颙选择了自杀，可荀攸却十分平静，表现出了强大的心理素质。后来，董卓被王允、吕布等人杀死，荀攸得以免罪出狱。

几年后，荀攸成了曹操的军师，他善于观察、有勇有谋，为人忠厚谦让，深受曹操的器重。他在军事上多次为曹操出谋划策，立下了很多功劳。

在官渡之战的一系列战役中，荀攸的表现就十分抢眼。他先是建议曹操派轻骑兵偷袭白马，打了敌军一个措手不及，还斩杀了敌将颜良。之后，曹操和荀攸率领少量兵马，遭到了大股敌军的追击。在这个危急时刻，荀攸不但没有慌张，还积极地想办法脱困。当他看到曹操命士兵放弃粮草辎重时，马上看懂了曹操的意思，知道这是要引诱敌军争抢，然后突然发起攻击。事情的发展正如荀攸所料，敌军果然上当了，曹军不但轻易获胜，还斩杀了敌将文丑。

不久，曹军与敌军陷入了“拉锯战”，粮草快要耗尽了，荀攸又不慌不忙地献计，让曹操派人截击敌军的运粮车，打乱了敌军的部署。此时敌方的谋士许攸前来投奔，还献上了偷袭乌巢之策。曹军中很多人都担心许攸是诈降，可荀攸却和贾诩一起力劝曹操采纳这条计策，于是曹操亲自率领精兵奇袭乌巢，把敌方的军粮烧得一干二净，而这也成了官渡之战的重要转折点。

曹操对荀攸一直有很高的评价，认为他“外愚内智、外怯内勇、外弱内强”。也就是说，荀攸外表看起来愚钝、胆怯、柔弱，但内心却充满了智慧、勇气和刚强，这正是“外柔内刚”的生动体现。

外柔内刚的内涵集中体现在两个方面，即外在的柔和与内心的刚强。

1. 外在的柔和

外柔内刚的人往往会像荀攸这样，表现得非常柔和、谦逊和包容。在与人沟通时，他们不会轻易打断别人的发言，也不会喋喋不休地表达自己的不满。他们善于倾听他人的意见和建议，也很尊重他人的感受和立场。无论与谁交往，他们总是以礼相待，以诚待人，这种柔和的态度让他们很容易与他人建立起良好的关系。

2. 内心的刚强

外柔内刚的人并不是没有原则、动辄妥协的“受气包”，他们的内心充满了坚定和刚毅的力量，所以在遇到突如其来的挫折、危机时，他们会像荀攸这样表现得十分镇定，不会自乱阵脚。

在遇到有挑战性的问题时，他们会积极地想办法去解决，并且他们对自己的主张有足够的自信，不会轻易动摇或放弃。这种内心的刚强让他们在面对人生的风雨时能够屹立不倒，成为真正的强者。

那么，我们如何才能成为“外柔内刚”的人呢？这一方面需要我们少一些外在的攻击性，注意保持言语的“柔软”和态度的谦逊，即使已经拥有了一定的能力、取得了一定的成就，也要学会尊重他人、宽厚待人，这样才能不断增强自己的亲和力。

另一方面，我们要注意保持内心的坚定，特别是在面对困难和挑战时，要保持冷静和理智，不要轻易被外界因素所干扰。即使遭遇失败和挫折，也要保持自信、从容，如此才能慢慢地“修炼”出强大的内心。

以刚制柔：必要时采用直接、坚定、有力的策略

在处理冲突和矛盾时，我们会用到两种截然不同的策略，即“以刚制柔”和“以柔克刚”。

我们先来看看“以刚制柔”的策略：在面对看似柔弱，实则变化无常的对手时，我们需要采取直接、坚定、有力的策略，这样才不会陷入对方的节奏中，更不会掉入对方设下的陷阱。相反，这样做还能打乱对方的节奏，迫使其露出破绽，让我们轻易地找到解决矛盾的突破口。

《史记》中有一段著名的“孙武练兵”的故事。孙武是春秋时期齐国人，著有《孙子兵法》一书，其中精妙的用兵之道让吴王阖闾赞赏不已。

吴王召见了孙武，想要考验他一番，让他用一些柔弱的宫女来练兵。孙武接受了这个任务，吴王就调来了一百多名宫女。孙武把宫女们分成两队，让吴王最宠爱的两个妃子当队长，又让宫女们每人手持一支戟。

在开始练兵前，孙武给宫女们简单地讲解了一些规则，告诉她们按照指令做动作。接下来，孙武命人摆好斧钺等刑具，开始发号施令，让宫女们照着做，可是宫女们却把严肃的训练当成了游戏，不停地嬉笑。孙武严肃地说：“士卒对纪律不清楚，是我这个将领的过错，现在我再把规则讲一遍，希望大家认真照做。”

然而等他讲完后，这些宫女还在嘻嘻哈哈，态度很不认真。孙武忍无可忍，厉声说道：“这次规则已经讲得很清楚了，但你们还是不按规则行

事，那就是你们的错了！”于是，他让人把两个队长处死。

吴王在台上看到这一幕，吓坏了，连忙派人去求情，说自己知道孙武能带兵了，求他不要斩杀自己的爱妃。可孙武却坚决不同意，还说：“将领在军队里，可以不完全听君王的命令。”就这样，孙武不顾吴王的反对，把两个队长斩首示众了。

随后，孙武挑选了另外两名宫女做队长，开始了第二次训练。这一次宫女们都很听话，严格按照孙武的指令行动，没有一个人敢发出多余的声音。

孙武对这个结果很满意，向吴王报告说：“现在队伍已经操练完毕，您可以随意驱使她们，想要做什么都可以。”吴王虽然为失去爱妃而痛苦，却也不得不承认孙武确实善于用兵，还任命他为将军。

有些人可能会对孙武的做法提出质疑，认为他过于残忍，不把人命当回事儿。然而，在当时的情境下，孙武的做法是很有必要的。

面对那些表面柔弱，实际上不守规矩、把原则当成儿戏的宫女，孙武深知，如果不采取一些雷霆手段，就无法让她们认真对待训练，也无法建立起一支有战斗力的军队。因此，他决定“杀鸡儆猴”，以此警示其他人必须按照规定行事。

正是靠着这种“以刚制柔”的策略，孙武证明了自己的才能，赢得了吴王的信服，也树立起了作为将领的威信，获得了所有人的敬重。

时至今日，“以刚制柔”的策略仍然适用于社会生活的各个方面。

在管理领域，“以刚制柔”非常适合管理者充分发挥领导力。在遇到下属处事犹豫、敷衍责任、办事拖延的时候，管理者就可以采取果断的措施来解决问题。比如，管理者可以与下属进行一对一沟通，明确表达对其工作表现的期望，并可以指出具体的问题，避免模糊或笼统的说法；如果经过沟通和指导，下属仍无改进，管理者就可以采取警告、调整工作职责、适当处罚等纠正措施，这样才能有效解决问题。

在商业竞争中，“以刚制柔”同样是一种有效的策略。当竞争对手采取柔软、灵活多变的竞争策略时，企业就要采取果断措施，不能被对手牵着鼻子走。比如，竞争对手不惜损害自身利益，大打“价格战”，企业就可以坚守自身的品牌定位和价值，通过提高产品质量和服务水平来赢得消费者的信任。

而在人际交往中，“以刚制柔”也能找到用武之地。比如，他人试图用情分、面子等“柔性策略”来影响我们，想让我们放弃自己的利益，这时候我们就要展现出刚强、坚定的态度，明确地表达自己的立场，让对方不得不正视这一点。这样，我们在人际交往中就不会失去主动权。

当然，“以刚制柔”并非一成不变的策略，我们需要根据具体的情境、对方的性格、自身的需求等因素进行灵活调整，这样才不会引发对方的不满和反抗，而我们也更容易达到自己的目的。

以柔克刚：化解冲突与增进理解的智慧

“以刚制柔”的另一面是“以柔克刚”，这里的“柔”不是单纯的柔软、圆滑，而是懂得变通、懂得包容、懂得避开锋芒。特别是在面对冲突时，善于以柔克刚的人，会用温和的方式将“百炼钢”化为“绕指柔”。

《说苑·敬慎》中有这样一个故事：相传常枞是老子的老师。有一次，年迈的常枞得了重病，老子连忙赶去探望。

常枞在生命最后的时刻还不忘启发老子学习，他故意张开嘴问老子：“你看看我的舌头还在吗？”老子看过后，回答：“在啊。”常枞又让他看牙齿还在不在，老子看过后，难过地回答：“一颗都没有了。”

常枞便问老子知不知道这是什么原因造成的，老子很快就想到了问题的关键之处，他是这样回答的：“舌头之所以还能存在，不就是因为它足够柔软吗？牙齿全掉光了，不就是因为它过于刚强吗？”常枞听后欣慰地笑了，认为老子已经弄明白了天下的至理，自己再也没有什么可教他的了。

在这个故事中，老子悟出的道理正是“以柔克刚”，在他看来，自然界中看似柔弱之物往往能够战胜看似刚强之物。他还以水为例，提出“天下莫柔弱于水，而攻坚强者莫之能胜”等发人深省的观点，让我们认识到

“柔”的力量。我国传统武术的瑰宝太极拳讲究“四两拨千斤”，说的也是“以柔克刚”的道理。

在生活的各个领域，不管是人际交往、职场发展，还是自我修养方面，我们都需要有一些“以柔克刚”的智慧。

在人际交往中，我们可能会遇到性格强硬、固执己见、难以相处的人。如果我们也用强硬的态度去对抗，只会造成没完没了的争执。但要是我们能够“以柔克刚”，也就是用温和、包容的态度去应对，对方的态度可能会逐渐软化。比如，在对方情绪非常激动的时候，我们不宜“火上浇油”，不妨耐心地倾听他的话语，给他一个发泄不满的机会，待他的情绪逐渐恢复平和，我们就可以表现出理解和尊重的态度，心平气和地与他摆事实、讲道理，这样会更容易被他接受，双方之间的矛盾也能得到化解。

在职场发展中，“以柔克刚”也具有重要的意义。比如，有的人在职场中表现出了过于强硬和激进的竞争姿态，难免会引起同事的强烈抵触，最终会让自己陷入孤立无援的尴尬境地。相反，如果我们能够“以柔克刚”，用谦逊、包容的态度去面对同事，并愿意与大家建立良好的合作关系，就能为自己赢得更多的支持，有利于个人的长远发展。

在企业管理中，“以柔克刚”也有一定的指导意义。比如，管理者不能总是以强硬手段来压制员工，而是可以多采用一些鼓励、引导之类的“柔性手段”，这样不仅能够提升员工的工作满意度和忠诚度，还有助于在企业内部营造和谐、积极的工作氛围。

此外，在教育和个人修养等多个领域，我们也能看到“以柔克刚”的影子。就像在教育中，循循善诱的柔性教育就比粗暴、强硬的棍棒教育效果更好；而在个人修养方面，保持内心的柔性、韧性，能够提升适应力，可以更好地应对生活中的困难和挑战。

总之，“以柔克刚”是化解冲突、增进理解的利器。懂得以柔克刚的道理后，我们会变得更加沉稳、内敛、理性。正如老子所说的“天下之至柔，驰骋天下之至坚”，在很多时候，我们都可以调用“柔”的力量，去解决棘手的问题，营造更加和谐的局面。